铁道护路联防

“5·26我爱路”活动专辑

中国国家铁路集团有限公司安全监督管理局
中　国　铁　道　学　会　安　全　委　员　会

中国铁道出版社有限公司

2025 年 · 北 京

图书在版编目（CIP）数据

铁道护路联防．“5·26我爱路”活动专辑 / 中国国家铁路集团有限公司安全监督管理局，中国铁道学会安全委员会编著．-- 北京 : 中国铁道出版社有限公司，2025．6．-- ISBN 978-7-113-32384-4

Ⅰ. U298.7

中国国家版本馆CIP数据核字第2025WJ5917号

编辑委员会

书　　名： 铁道护路联防——“5·26我爱路”活动专辑
作　　者： 中国国家铁路集团有限公司安全监督管理局
中国铁道学会安全委员会
责任编辑： 郑媛媛　卢　笛　张　彤
编辑助理： 张嘉益　徐经纬
封面设计： 尚明龙
封面摄影： 李相辰
封底摄影： 汤皓冉
责任校对： 安海燕
责任印制： 赵星辰
出版发行： 中国铁道出版社有限公司（100054，北京市西城区右安门西街8号）
网　　址： https://www.tdpress.com
印　　刷： 北京联兴盛业印刷股份有限公司
版　　次： 2025年6月第1版　2025年6月第1次印刷
开　　本： 889 mm×1 194 mm　1/16　**印张：** 7.5　**字数：** 215千
书　　号： ISBN 978-7-113-32384-4
定　　价： 20.00元

通信地址：北京市海淀区复兴路10号（100844）
中国铁道学会安全委员会
征　　订：（市电）（010）51893381
发　　行：（市电）（010）51861106
编　　辑：（市电）（010）51861189
信　　箱：Tdhl2024@126.com

卷首语

以爱为轨　共护山河万里

五月的风掠过钢轨，将悠远的汽笛声编织成奋进的旋律，奏响时代发展的歌。从蒸汽机车的轰鸣到复兴号的飞驰，钢铁长龙承载着文明的厚重，丈量着祖国大地的辽阔。

“5·26我爱路”，寓意着人们对铁路的热爱与守护。当“我爱路”的呼唤在山水间回响，我们见证的不仅是诚挚的告白，更是一代代护路人对民生动脉的热血守护，是14亿人通往美好生活的真实画卷。

截至2024年底，全国铁路营业里程达到16.2万公里，其中高速铁路4.8万公里，“千里江陵一日还”的愿景已是日常。复兴号奔驰在祖国广袤的大地上。高铁，成为中国亮丽的名片。

铁路，是山河纵横的筋骨。它让塞北的风雪与江南的烟雨在车厢里相遇，让戈壁的星光与海港的灯塔在钢轨上交叠。每一条枕木下都沉淀着建设者的汗水，每一座桥梁上都镌刻着守护者的坚守。那蜿蜒绵亘的铁路线，有旅客与货物的川流不息，有乡村振兴的蓬勃生机，有城市群落的共生共荣，有国家战略的壮阔图景。

在今年5月26日到来之际，全国各级护路组织以总体国家安全观为引领，广泛发动铁路沿线群众开展了“知路、爱路、护路”大宣传热潮，为保障人民群众的生命财产安全奠定了基础，为构建平安和谐的社会环境营造了浓厚氛围。

为此，我们特别编辑出版了《铁道护路联防——“5·26我爱路”活动专辑》，收录了全国各地开展“5·26我爱路”主题活动情况，展示了各单位开展铁路沿线环境整治、打造绿色人文生态廊道，以及运用现代科技手段赋能护路工作的成果，同时还推出了近年来在护路一线涌现出的先进典型人物。阅读这些文章，我们会深切地感受到，由“八纵八横”联通起来的壮美山河，爱有所值、爱有所学，爱得其所。

爱路，是我们刻在基因里的使命。护路，是我们每个人的责任。大地以铁轨为弦，奏响发展的乐章；我们以爱为轨，守护共同的远方。5月26日，让我们以敬畏之心触摸钢轨的温度，以行动之力共筑山河万里通途！

《铁道护路联防》编辑部

2025年5月

目　录

动态报道 | 活动集锦

科技赋能 | 智慧护路

动态报道 | 活动集锦

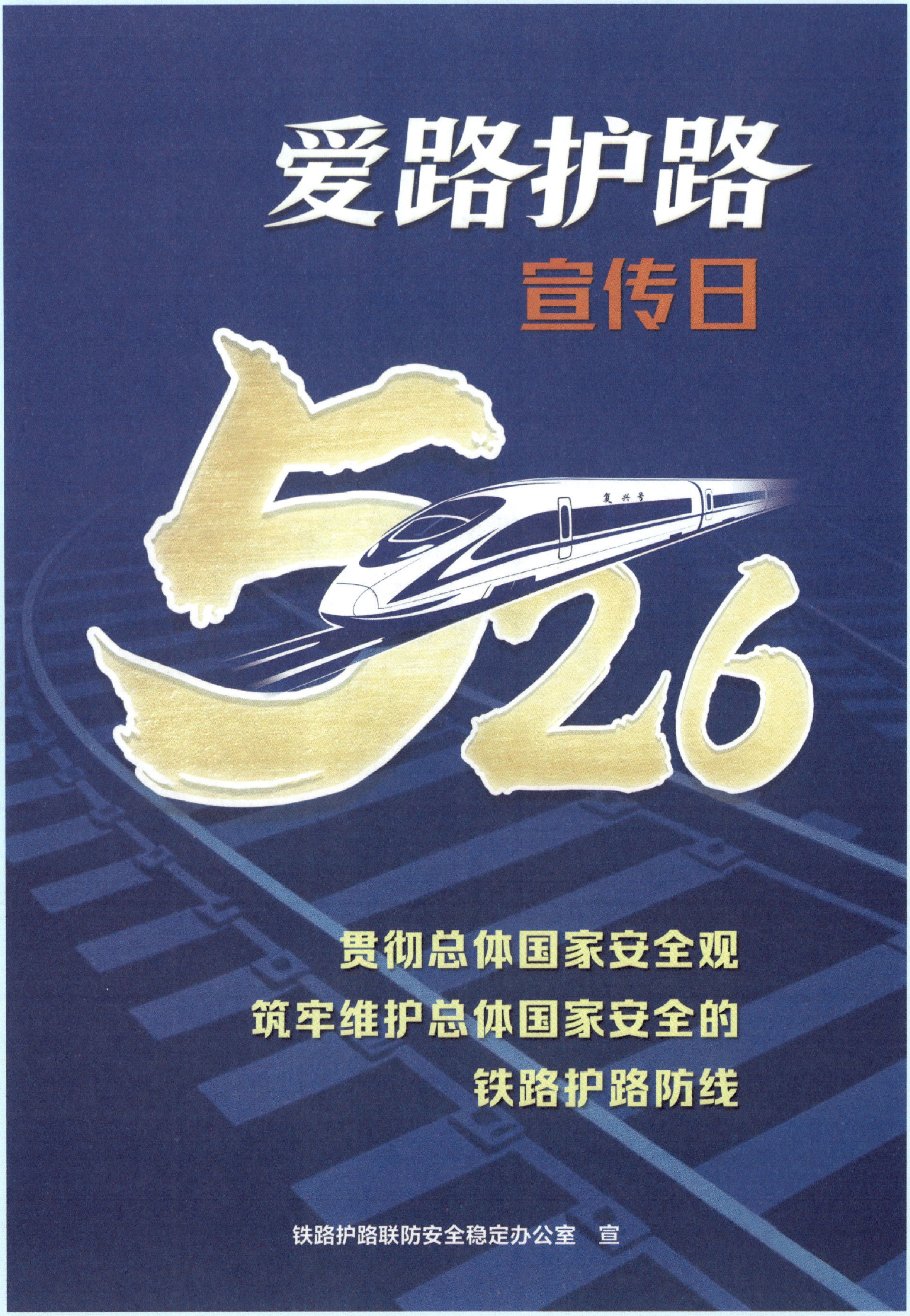
爱路护路
宣传日
526
贯彻总体国家安全观
筑牢维护总体国家安全的
铁路护路防线
铁路护路联防安全稳定办公室 宣

北京市多措并举开展“5·26 我爱路”主题宣传教育活动

按照铁路护路联防安全稳定办公室《关于组织开展“5·26 我爱路”主题宣传教育活动的通知》要求，结合北京市平安铁路建设协调工作实际和市、区两级议事协调机制机构特点，以及相关成员单位职责，北京市各区在 5 月 26 日到来之际，组织开展了丰富多彩的主题宣传教育活动。

明确宣传主题。制定并印发了《关于集中组织做好“5·26 我爱路”主题宣传教育活动的通知》，要求全市各区和各相关成员单位集中在 5 月 26 日启动宣传教育活动，并利用一个月左右时间，结合全国“安全宣传咨询日”，持续组织开展系列宣传教育活动。同时，明确北京市平安铁路宣传教育活动主题为“创建平安铁路 建设平安北京”，并结合工作实际，将此次宣传教育活动以“现场活动 + 多种形式并举”模式组织开展。为进一步营造良好宣传氛围，各区以北京市七大火车站和区政府所在地的高铁站、客运站，以及铁路沿线周边的学校、大型社区和人员密集的公园、广场等为主要场所，在 5 月 26 日当天统一组织开展了主题宣传教育活动启动仪式。此外，为确保宣传活动的持续性，还要求各区和各相关成员单位将平安铁路安全稳定相关内容作为 6 月 16 日全国“安全宣传咨询日”活动的重要组成部分，在安全生产月活动期间组织开展现场宣传教育活动。

拓宽宣传渠道。对《中华人民共和国铁路法》、《铁路安全管理条例》、《北京市铁路沿线安全管理规定》、市政府六部门《关于做好铁路沿线疏解整治及绿化提升工作的指导意见》、“疏解整治促提升”专项行动《铁路沿线综合整治提升专项任务核验标准》等法律法规及规章制度重点条款进行了梳理并转发给各区，要求各区结合本区铁路沿线特点，有针对性地对条款内容进行重点宣传。在广泛发布铁路护路联防安全稳定办公室下发的《“5·26 我爱路”主题宣传海报》和《知路·爱路·护路系列宣传海报》的基础上，结合北京市铁路沿线特点设计制作了《您知道这是违法行为吗？》、针对平安铁路“消隐促

建”综合整治提升工作设计制作了海报套装，印制后配送给各区和相关成员单位用于活动现场和重点区域处所张贴宣传。针对铁路沿线的铁路小区和居民聚集区，北京市委平安铁路专项组办公室结合实际工作拟定了“平安铁路靠大家，联防联控你我他”“位于铁路隔离带，‘消隐促建’是常态”“建设铁路安全绿色景观廊道，共享平安北京和谐宜居之都”“身为铁路人，更知铁路情，消隐护路要先行”“铁路人，爱铁路，拆违消隐为铁路”等宣传标语，使用后取得了良好的提示效果。

加强协调配合。广泛发动各区和相关成员单位，落实平安铁路建设协调专项组工作制度和成员单位职责，聚焦维护铁路平安畅通和沿线社会稳定，积极联动配合，优势互补，合力营造全市平安铁路建设的浓厚氛围，提升群众知铁路、爱铁路、护铁路、共享铁路发展成果、共保铁路平安畅通的认知水平。

在全市“5·26 我爱路”主题宣传教育活动启动仪式中，国铁企业各单位、铁路公安部门、重点站区管委会各站办、市教委等重点成员单位，率先垂范，牵头引领，主动联合相关区和成员单位在车站、学校等重点区域开展宣传教育活动。北京市主题宣传教育活动主会场设在北京站。全市各区高度重视此次主题宣传教育活动启动仪式，制订了详细的宣传活动计划和方案，区领导亲临活动现场讲话致辞。全市各区充分调动各级护路联防组织的积极性，在铁路沿线深入开展多层次、多形式的宣传教育活动，充分运用广播、微信公众号、短信、短视频等平台及村村通网络、村村通广播、LED 显示屏等形式广泛宣传爱路护路工作。经统计，在活动当天全市各区组织“5·26 我爱路”主题宣传教育活动启动仪式及各类宣传活动 220 余场，发放各类宣传品 143350 余份，受众群体 170000 余人，在铁路沿线周边重点区域张贴宣传海报 23420 余张，营造了良好的爱路护路氛围。

（北京市委平安铁路专项组办公室）

山东省“5·26 我爱路”主题宣传精彩纷呈 《守望平安》微电影在济南首映

5 月 26 日下午，山东省护路办联合济南局集团公司拍摄制作的全国首部铁路安全案例警示教育微电影《守望平安》，在济南铁路文化宫举行首映活动。省委政法委副书记、平安山东建设暨扫黑除恶斗争领导小组铁路护路联防组组长，济南局集团公司有关领导、济南铁路公安局局长、山东省公安厅治安管理总队副总队长、铁路护路联防组成员、济南市社会各界代表、济南局集团公司部分干部职工、新闻记者等 300 余人，在主会场参加活动，全省 16 市在当地同步观影。

“5·26 我爱路”主题宣传教育日，是全国性铁路爱路护路宣传活动。微电影《守望平安》以真实案例为原型，创作推出《抢出的悲剧》《撞出的横祸》《烧出的尴尬》《拖出的灾难》四个故事，再现了铁路沿线群众因违法违规对铁路安全造成的严重影响、付出的惨痛代价。影片以四个完整感人的故事，给观众带来强烈的视觉冲击、情感冲击，让观众产生共鸣和思考，潜移默化中普及了铁路安全常识和法律法规，社会反响良好。

笔墨丹青书写护路担当，镜头光影定格平安瞬间。首映活动现场，同步举办了“汇聚联防力量”书法绘画摄影作品联展，在全省范围征集书法、绘画、摄影作品 1225 件，展现了新时代铁路护路联防工作风采，营造了全社会共筑平安铁路的浓厚氛围。

（山东省护路办）

湖南省“5·26 我爱路”主题宣传教育日启动仪式在长沙举行

5 月 26 日上午，由省委政法委指导、省护路办联合省直相关单位，以及长沙市委政法委、雨花区委政法委、雨花区教育局共同主办的 2025 年“5·26 我爱路”宣传教育日启动仪式，在长沙市雨花区育新第二小学举行。活动旨在通过多部门联动、多形式宣传，切实筑牢铁路安全防线，保障人民群众生命财产安全。

仪式现场，省委政法委副书记为来自全省 14 个市州的护路组织代表授旗，并与广州局集团公司副总经理及护路队员、师生、铁路公安代表共同按下启动按钮。活动强调，要广泛宣传教育，让护路氛围更加浓厚；要推进综合治理，让联防协作更加有效；要强化法治保障，让平安防线更加坚实。

启动仪式包括育新二小学生街舞表演，长沙市委常委、政法委书记致欢迎辞，播放《辣俐护路记》快剪及湖南铁路护路联防工作汇报片，学生代表宣读倡议书，护路队员代表宣誓，举行授旗仪式，宣布活动启动。

在随后的宣传教育活动中，大家在成果展示区、

知识互动区、趣味体验区驻足良久，或在图文并茂的展板前频频点赞，或在生动翔实的资料前了解护路知识，或在深入浅出的宣讲中豁然开朗，或在轻松愉快的体验中增长知识。启动仪式后，湖南省委政法委、广州局集团公司还就铁路护路联防安全稳定工作举行了座谈。

当天，全省 14 个市州同步开展了形式多样的宣传活动。邵阳市组织铁路护路成员单位主要负责人和 100 多名铁路护路志愿者开展爱路护路宣传活动。市委常委、政法委书记参加活动并提出工作要求。

常德市拍摄的 8 集“5 • 26 知路爱路护路”宣传教育片陆续上线，在常德融媒、尚一网、新湖南等媒体上播出，当天浏览量就达 17.68 万次。常德市还线下组织 22 块宣传展板，在河街、火车站等人流量大的地方集中展出，各县区也纷纷利用展板、电子显示屏开展宣传。

怀化市鹤城区联合路地单位，在市委佳惠广场开展“知路爱路护路　共筑平安铁路”主题宣传活动，利用流动视频宣传车播放典型事故案例视频，悬挂宣传横幅。活动发放宣传资料 1000 余份、围裙 200 余条、雨伞 100 余把、环保袋 500 余个、学习用品 200 余份，解答群众咨询 50 余次。

衡阳市护路队员到铁路沿线村庄、社区、重点路段、重点部位张贴“5 • 26 我爱路”宣传海报 5000 张，发放《爱路护路倡议书》2.4 万张。

长沙市湘江新区银盆岭街道平安法治办联合银盆岭司法所、长株潭城际铁路观沙岭站将“爱路护路打卡列车”开进滨江小学。芙蓉区荷花园街道护路办和杨家山社区护路队员走进居民小区、单位张贴宣传海报，发放宣传折页。开福区联合铁路车站、社区开展爱路护路宣传活动，发放宣传资料 300 余份。

张家界市护路办、永定区护路办联合路地多部门，在三清市场开展集中宣传教育活动，张贴宣传海报、横幅标语 70 余张（条），发放《中华人民共和国铁路法》《铁路安全管理条例》等宣传资料 1000 余份，发放印有铁路安全知识的环保购物袋、扇子等宣传品 1500 余份。官黎坪街道组建“护路宣传小分队”，到铁路沿线 200 余户居民家中开展入户宣传，召集沿线 6 个村社代表召开“铁路安全屋场恳谈会”。南庄坪街道联合铁路工务段，对 50 户独居老人、外来务工人员及养殖户进行“一对一”入户走访。大庸桥街道紧扣“小手拉大手”理念，在三坪小学放学时段开展“铁路安全第一课”宣传，发放“致家长的一封信”200 余份。张家界市慈利县溪口路地联手到溪口镇中心完小开展“5 • 26 我爱路”宣传进校园活动。

怀化市洪江市向焦柳铁路和怀邵衡铁路沿线

3.5 万名群众发送“5·26 我爱路”手机宣传短信，张贴“5·26 我爱路”宣传海报 5000 余份，发放宣传资料 1.2 万余份。同时，通过横幅、LED 屏滚动播放开展宣传。

湘潭市雨湖区委政法委联合路地单位在湘潭火车站开展“5·26 我爱路”宣传教育活动，组织风车坪建元学校 50 名学生走进车站，参观铁路交通安全、建设平安铁路、知路爱路护路主题图片展，增长铁路安全知识。

湘西土家族苗族自治州吉首市护路队员联合吉首站派出所民警、张家界车务段吉首南站、乾州街道对吉首市乾城小学开展爱路护路法治宣传，发放宣传资料和安全宣传品 200 余份。

“5·26 我爱路”宣传日活动期间，湖南省共举办集中宣传教育活动 130 余场，张贴“5·26 我爱路”宣传海报 9 万余张，发放宣传资料 13 万余份。

（湖南省护路办　袁建平）

陕西省“5·26 我爱路”主题宣传教育月活动启动仪式在铜川市举行

5月23日，由中共陕西省委平安陕西建设领导小组办公室主办，陕西省护路办、中共铜川市委平安办承办，西安铁路公安局、西安局集团公司协办的陕西省2025年“5·26我爱路”主题宣传教育月活动启动仪式暨现场大型爱路护路宣传教育活动在铜川市新区阳光广场举行。此次主题宣传活动启动仪式拉开了全省广泛深入开展“5·26我爱路”主题宣传教育月活动的帷幕。

启动仪式上，省委政法委副书记、省委平安办副主任、省护路办主任要求全省各级铁路护路联防组织提高思想意识，充分认识主题宣传教育月活动的意义，确保取得实实在在的效果；要围绕“护路有我　安全同行”宣传主题，紧盯铁路沿线重点群体，推进铁路安全宣传教育进企业、进农村、进社区、进学校、进家庭，增强全民爱路护路意识；要进一步增强工作质效，排查化解涉铁矛盾纠纷，整治铁路沿线安全问题，夯实铁路护路联防安全稳定。

铜川市委常委、市委政法委书记、市委平安办主任在致辞中指出，全市各级政法综治护路组织要扛牢地方责任，加强统筹协调，构建党委领导、政府主导、政法委统筹，路地协同，社会力量参与的铁路护路联防安全稳定工作新局面；要着力整治隐患风险，加大铁路沿线安全环境综合整治力度，全面排查化解各类矛盾纠纷，坚决防范铁路安全事故发生；要着力推进协同共治，深化路地联勤联动，广泛开展铁路宣传教育，引导群众做爱路护路的宣传者和参与者。

活动现场，通过大屏视频展示、设置铁路护路联防宣传展板、发放宣传资料等方式，工作人员向过往市民群众宣传铁路安全相关知识。色彩鲜艳、图文并茂的宣传手册，生动展示了破坏铁路设施、在铁路沿线违规行为带来的严重危害，“护路有我　安全同行”等醒目的宣传幕布和电子大屏播放的《进击的中国高铁》吸引了现场群众驻足观看，使他们切实感受到了中国铁路发展与时代同行的铿锵步伐，深刻意识到了爱路护路的重要性，引导大家携手共筑铁路安全防线。大家纷纷表示，今后将自觉遵守相关规定，带动身边人共同守护铁路运行安全。仪式结束后，参加活动的人员观看了爱路护路工作宣传展板并在宣传横幅上进行了承诺签名。

（陕西省护路办　郭　帆　付旭博）

上海市“5·26 我爱路”主题宣传教育活动向纵深展开

上海市结合全市护路联防工作实际，创新宣传手段，开展形式多样的爱路护路宣传教育活动，引导铁路沿线人民群众知路爱路护路，共筑平安铁路。

结合上海市铁路护路联防工作实际，制定细化活动方案，明确宣传内容、宣传方式及海报张贴、稿件投稿等重点工作，结合全市涉铁 13 个区的实际，有针对性地开展“5 • 26 我爱路”主题宣传教育活动，并下发《铁路路外安全警示教育宣传片》和《铁路沿线安全环境宣传片》等宣传资料，确保全市爱路护路宣传教育工作落到实处。

市护路办会同青浦区护路办在练塘镇开展上海市“5 • 26 我爱路”主题宣传教育活动启动仪式暨集中宣传现场会，通过文艺节目表演、护路志愿者授旗、志愿者代表发言、观看铁路护路宣传警示教育片、展示护路知识宣传展板、发放爱路护路宣传品等方式营造“知路爱路护路，共筑平安铁路”的浓厚氛围。虹口区会同上海铁路运输检察院、上海局集团公司上海工务段和上海通信段举办“相聚彩虹湾 • 共诉爱路情”主题宣讲活动，通过舞蹈、相声、二胡独奏、小品，以及铁路法科普、铁路安全知识有奖问答等形式多样的宣传方式，营造爱路护路良好氛围。金山区会同闵行站铁路派出所、上海局集团公司上海工务段和金山卫站在金山卫站开展集中宣传活动，现场通过展示农民画和剪纸等护路主题艺术作品、发放宣传资料、开展有奖问答等形式，吸引众多旅客驻足观看，达到较好宣传效果。徐汇区会同区教育局、上海局集团公司上海动车段及上海市徐汇区汇师小学在上海南动车所举办“5 • 26 我爱路”主题宣传教育启动仪式，通过专题宣讲、有奖问答、参观动车组检修库等形式，让师生深刻认识到维护铁路安全的必要性。

组织志愿者走进铁路沿线两侧 2.5 公里范围内的企业、学校、村庄、社区、道口、家庭，通过面对面宣讲、有奖问答、观看宣传教育片、发放安全宣传资料、安全文创产品等形式，广泛开展爱路护路主题教育，提高人民群众爱路护路和自我防护意识。金山区挖掘本地文化资源，突出本区文化特

色，会同各涉铁街镇深入铁路沿线企业及村居开展“5・26 我爱路”文创作品征集活动，共征集农民画、剪纸、漫画、书法等铁路护路作品 45 件。徐汇区组织铁路沿线中小学召开“爱路护路，争做安全小卫士”主题班会，通过播放铁路安全动画、知识问答、分享真实案例等方式，向学生普及铁路法规、安全距离、紧急避险等常识。闵行区与美团工作站、京东快递站合作，邀请铁路派出所宣讲铁路护路知识，结合“平安联盟”工作群向“骑行者”分享辖内铁路沿线各类信息，发动“城市夜行者”等新兴领域群体参与铁路护路联防工作。静安区会同上海局集团公司团委、上海工务段、上海客运段开展“少年儿童铁路平安行动”进校园行动，组织宝山路小学师生走进上海铁路博物馆，参观上海局集团公司调度所，聆听铁路安全知识讲座，沉浸式感受中国铁路的发展历程与辉煌成就。浦东新区南汇新城镇积极组织居村干部、志愿者深入铁路沿线居村，开展走访入户铁路护路宣传活动，共发放宣传折页 2000 余份。奉贤区青村镇会同海湾铁路派出所、司法所、交警大队等部门，在铁路沿线村庄开展“5・26 我爱路”主题设摊活动，采用抽取盲盒问答、制作印有“爱路护路”标语香囊等方式，将《中华人民共和国铁路法》《铁路安全管理条例》等相关法律法规及各类爱路护路常识融入其中，切实提高沿线群众参与热情。嘉定、松江、杨浦、静安、徐汇、闵行、青浦区在辖区社区、村居、火车站及各大商圈张贴系列宣传海报，在户外电子屏持续滚动播放爱路护路宣传画、宣传标语、短视频等；青浦、金山、普陀、虹口、闵行、浦东新区以微信公众号、网络推文等新媒体为宣传载体，开展活动主题宣传、铁路安全常识讲堂及铁路护路先进人物学习等活动，切实扩大主题宣传教育受众范围。

各级铁路护路联防组织以“5・26 我爱路”主题宣传教育活动为契机，在辖内积极组织开展铁路沿线护路巡防活动。徐汇区会同区应急管理局对铁路沿线特种作业、危化品存储、有限空间安全管理等开展专项排查整治。普陀区针对铁路沿线环境安全开展了铁路沿线线路巡查除隐患活动。杨浦区组织铁路护路志愿者对辖内重点区段防护网破损、道口安全标志缺失、沿线堆放杂物等问题开展专项隐患排查整治活动，确保铁路沿线环境安全稳定。金山区会同金山北站开展“5・26 我爱路”应急处突演练，提升路地单位协同作战能力，切实增强铁路沿线群众护路意识。

（上海市护路办）

贵州省“5·26 我爱路”主题宣传教育活动启动仪式在六盘水举办

5 月 20 日，以“爱民为民平安行　爱路护路保畅通”为主题的贵州省“5·26 我爱路”主题宣传教育活动启动仪式在六盘水市盘州市石桥镇新街小学举办。省护路办、成都局集团公司贵阳铁路办事处、六盘水市人民政府、六盘水市委政法委、六盘水市公安局以及省交通运输厅、铁路相关站段等有关部门领导和学校师生共计 600 人参加。六盘水市护路办主任主持活动。

活动现场，盘州市人民政府副市长在致辞中指出，盘兴铁路作为贵州省实现“市市通高铁”宏伟目标的收官之作，将于今年年底建成通车，对贵州高质量发展意义重大。此次集中宣传教育活动在盘州市举办，既是对六盘水铁路护路联防安全稳定工作的认可，更是对六盘水市、盘州市护路办的信任。省护路办常务副主任强调宣传教育活动，一要加强组织领导，坚持集中抓与常态做相结合、保重点与广覆盖相结合、普及知识与提高防范相结合，确保活动开展有序、内容充实、形式多样。二要加强学校宣教，围绕铁路安全向同学们做科普、教知识、讲危害，让“爱护铁路，人人有责”的观念在孩子们心中生根发芽。三要注重宣传实效，将爱路护路宣传教育作为基础性、常态化工作，创新固化宣教活动，确保宣教工作落地见效。

宣教活动中，盘州市文体广电旅游局的表演艺术家带来舞蹈《记忆》、歌曲《守护平安》、理论宣讲《守好乌蒙山脉平安线——共谱铁路护路同心曲》；石桥镇新街小学同学们表演诗歌朗诵《礼赞铁轨护路行》、舞蹈《路魂》，以艺术形式展现了对铁路的热爱与守护决心。成都局集团公司团委会同铁路公安开展铁路安全常识讲解和互动宣传。铁路公安民警通过真实案例，详细阐述破坏铁路设施、在铁路沿线放风筝、违规搭建等行为的严重危害及法律后果；铁路职工代表结合工作经验，普及铁路安全常识和应急处置方法。现场还设置知识抢答、宣传展板展示、发放宣传手册等环节，对积极参与抢答的学生给予书包、水杯等奖品，极大激发了学生的参与热情，将活动推向了高潮。

全省各地也同步在铁路沿线的企业、农村、学校、社区集中开展爱路护路宣传教育活动，并在火车站、铁路沿线乡镇、铁路护路联合工作站等场所，通过开设宣传橱窗、悬挂宣传标语等形式开展宣传。以喜闻乐见、线上线下相结合的护路宣传形式，使铁路法律和安全知识深入企业、农村、社区、学校、家庭，走进千家万户。

（贵州省护路办）

四川省“5·26 我爱路”主题宣传教育活动在绵阳市启动

“交通安全很重要，交通规则要记牢，走路要走人行道……”5 月 26 日 10 时，伴随着清脆童声传唱的交通安全儿歌，“5·26 我爱路”四川省铁路爱路护路宣传教育活动启动仪式在绵阳市游仙区石马小学拉开帷幕。本次活动旨在通过多方联动强化全民铁路安全意识，普及铁路安全知识，共同守护铁路运输安全。

绵阳市委副书记、政法委书记、市铁路护路联防安全稳定工作组组长致欢迎辞；省委政法委副书记、省铁路护路联防安全稳定工作组组长讲话。

参会领导向学生代表发放了宣传资料及宣传品。大家参观了石马小学的护路文化建设成果。石马小学作为国家、省、市“爱路护路宣传教育示范学校”，毗邻宝成铁路与西成客专，通过构建“爱路护路宣传走廊”、成立护路文艺宣传队、汇编教材、创作陶艺、彩泥画、手抄报等多元艺术作品，将护路知识融入校园生活。学生们自编自演的情景剧《哪吒闹高铁》、手势舞《不字歌》、诵读表演《铁路安全记心里》等节目，以活泼形式传递护路理念，赢得阵阵掌声。

“哪吒”扮演者唐启伟同学在完成表演后表示：“铁路方便了我们的出行，希望通过这个角色与安全知识融合，让大家意识到护路的重要性，爱路护路要从我做起，人人参与其中！”

“不破坏、攀爬、穿越铁路防护栏；不在铁路线路上行走、坐卧、逗留；不抢越道口；不击打列车……”在石马小学学生代表的领读下，上百名学生齐声宣读《爱路护路倡议书》，铿锵誓言响彻校园。学生们以稚嫩却坚定的声音承诺，将争做护路宣讲员、争当护路小卫士，用实际行动守护铁路安全。

此次活动由四川省铁路护路联防安全稳定工作组办公室、成都局集团公司主办，绵阳市铁路护路联防安全稳定工作组办公室承办。作为全国铁路护路联防工作的品牌活动，“5·26我爱路”四川省铁路爱路护路主题宣传教育活动已连续举办多届。

四川省铁路护路联防安全稳定工作组办公室相关负责人表示，下一步将联合多部门推进铁路安全宣传“五进”（进企业、进农村、进社区、进学校、进家庭）工作，通过讲重点、讲难点、说热点，结合“爱路护路宣传月”、全国“安全生产月”、“法治四川行”等活动，开展精准化宣传。针对中小学生群体，将通过假期关键节点、“开学第一课”等，常态化普及铁路安全知识，营造“知路、爱路、护路”的浓厚氛围，织就坚实的铁路安全防护网。

（四川省护路办）

甘肃省广泛开展“5·26 我爱路”主题宣传活动

5 月 26 日，为扎实推进平安铁路建设，营造浓厚的爱路护路氛围和良好的铁路沿线安全环境，形成社会同筑安全屏障、全民共保铁路畅通的良好局面，甘肃省护路办、兰州局集团公司联合组织，武威市及凉州区护路办承办，邀请甘肃省公安厅、甘肃省交通运输厅、兰州铁路监督管理局、兰州铁路公安局、甘肃省人民检察院兰州铁路运输分院，在武威市凉州区南城门广场开展甘肃省“5·26 我爱路”主题宣传活动启动仪式。甘肃省内 11 个市和兰州新区设立了分会场，由护路组织牵头，联合辖区相关铁路站段、铁路公安机关，同步开展“5·26 我爱路”主题宣传活动。铁路沿线 52 个县（市、区）联合铁路有关单位、车站根据实际灵活安排，同步开展主题宣传活动。

此次主题宣传，坚持护路就是“护发展、护平安、护形象”的工作理念，将“5·26 我爱路”宣

传活动与国家“安全生产月”等宣传深度融合，坚持科学安排、统筹兼顾、分类指导、协同推进，深入开展“5·26我爱路”主题宣传教育活动，通过广泛宣传普及铁路法律法规及铁路拉动经济社会发展的地位作用，在甘肃省内营造良好的爱路护路氛围，持续创造安全稳定的铁路运输环境，不断增强铁路沿线人民群众获得感、幸福感、安全感。

本次主题宣传活动，主要以铁路沿线两侧2.5公里范围内的广大人民群众，特别是中小学生、机动车驾驶员、大牲畜养殖户、塑料大棚种植户、放牧人员、废旧金属收购站点从业人员等为主要对象，通过深入辖区铁路沿线开展“五进”宣教活动。本次宣传活动，主会场和各分会场组织了丰富多彩的活动，3.5万余名群众、中小学生等通过观看爱路护路宣传展板、文艺节目演出，参与现场有奖问答等形式，深入浅出地了解了铁路法律法规和铁路安全常识。各县级层面共有6.2万余名群众、学生等人员通过阅读宣传资料，聆听铁路交通事故案例、参与集体签名等方式，参与到主题宣传活动中，各级护路组织共发放各类宣传资料8.2万余份。

近年来，甘肃省护路办、兰州局集团公司始终把宣传教育作为护路联防工作的一项重点内容，广泛采取路地联合联动的方式，大力宣传《中华人民共和国铁路法》《铁路安全管理条例》《中华人民共和国治安管理处罚法》《高速铁路安全防护管理办法》《甘肃省铁路安全管理规定》等法律法规。通过将爱路护路宣传与主动创稳、安全生产、市域治理、校园普法等宣传有机结合，统筹安排部署，加强铁路沿线大型社区、学校、村庄的护路宣传阵地建设，常态化、精准化地开展宣传教育，有效增强了沿线人民群众知路爱路护路的意识和安全法治观念，营造了知路爱路护路的良好氛围，为实现“知路·爱路·护路　共筑平安铁路”的目标打下坚实基础。

（甘肃省护路办　李相辰）

天津市开展“5·26我爱路”筑牢维护总体国家安全护路防线主题宣传教育活动

5月23日，天津市护路办、北京局集团公司天津铁路办事处、天津市公安局、天津市交通运输委员会、北京铁路公安局天津铁路公安处、天津铁道职业技术学院联合组织全市14个涉路区护路办在天津铁道职业技术学院开展了天津市2025年“5·26我爱路”筑牢维护总体国家安全护路防线主题宣传教育活动暨铁路护路联防实地培训会议，旨在筑牢维护总体国家安全护路防线，有效维护铁路沿线治安稳定。

发挥培训基地平台作用，做好新时代铁路护路联防工作。天津铁道职业技术学院党委副书记、院长发表了热情洋溢的欢迎辞，表示将以天津市铁路护路联防培训基地为平台，有效服务天津市铁路护路联防队伍业务培训，助推其能力提升。天津市公安局治安管理总队五支队队长从重视、珍惜、作为、协作等四个方面对做好铁路护路联防工作提出要求。天津铁路办事处副主任强调筑牢维护总体国家安全护路防线，是我们肩负的重大使命与责任，举办“5·26我爱路”主题宣传活动并召开铁路护路联防实训会议就是要让“知路、爱路、护路”的意识深入人心，同时对做好新时代铁路护路联防工作提出具体要求。

发挥实地培训特色作用，规范化、专业化推动铁路护路联防工作。天津市40余名护路专职干部、一线专职护路队员共同走进天津铁道职业技术学院教育实践培训基地（报告厅），接受天津市铁路护路联防实地培训。天津铁道职业技术学院周林老师以PPT形式讲授了中国铁路发展史，展示了中国铁路从无到有，见证了中国百年巨变。播放《守望》爱路护路案例警示教育宣传片，以此增强全市铁路护路联防专（兼）职护路队员及铁路沿线群众的爱路护路意识。让大家认识到，爱路护路是每个公民的责任和义务。此次铁路护路联防实地培训是一次创新护路宣传教育的成功实践，也为铁路爱路护路宣传教育提供了新的方向。

精彩节目点亮独特光芒，多元化推动新时代护

路联防工作。学生们以精彩节目点亮了天津市 2025 年“5·26 我爱路”筑牢维护总体国家安全护路防线主题宣传教育活动的独特光芒。他们表演的《东晓作业法》《铁路手信号》动作有力又灵动多变，巧妙地穿插了一些象征护路的手势，以动感的节奏和精彩的编排，瞬间点燃了现场的气氛，让大家沉浸在铁路与青春交织的魅力之中。这是学生们献给主题护路宣传活动的深情礼物，他们用手势操展现活力，用作业法传递知识，用专业抒发情怀，淋漓尽致地诠释了护路的意义，也展现出新时代铁路学子担当护路使命的青春风采。

青春与护路责任深度交融，为建设平安铁路贡献力量。为配合开展天津市 2025 年“5·26 我爱路”筑牢维护总体国家安全护路防线主题宣传教育活动，天津市护路办与天津铁道职业技术学院联合开展了“5·26 护路先锋行，青春聚力筑安途”主题宣传活动，评选出一、二、三等奖，为获奖学生颁发了奖品。此次活动形式多样且充满创意，不仅内容丰富多彩，更是一次青春与责任的深度交融。在 Logo 设计的创新碰撞中，在主题征文的深情表达里，在手抄报的精心绘制间，同学们深刻理解了护路的意义，将青春的激情转化为守护铁路安全的坚定信念，为建设平安铁路贡献了源源不断的力量。

营造护路强大宣传声势，开展“5·26 我爱路”主题宣传活动。天津市“5·26 我爱路”筑牢维护总体国家安全护路防线主题宣传教育活动，在天津铁道职业技术学院教学楼门前的广场拉开帷幕，如同一束耀眼的光，照亮了人们心中对铁路安全与国家安全紧密相连的认知之路。活动现场，通过悬挂宣传横幅，现场设置咨询台，集中讲解、发放宣传资料和宣传品等形式，面对面讲解《中华人民共和国铁路法》《铁路安全管理条例》《天津市铁路安全管理规定》等有关法律法规和铁路安全常识。现场组织以案释法，引导大家爱路护路、珍爱生命、远离危险，强调不要在铁轨上行走、向火车投掷石子、在铁轨旁玩耍、损坏铁路护栏、进入铁路护网、在铁路沿线 500 米范围升放低空飘浮物等，时刻敲响安全警钟。活动共发放《天津市铁路护路联防工作常识培训手册》、《天津市“5·26 我爱路”》宣传折页、宣传杯、宣传数据线、宣传伞、宣传包、宣传毛巾、宣传保温壶、宣传手机支架等宣传品 2000 余份，营造了强大宣传声势，为筑牢铁路安全共建共治共享奠定了群众基础。

（天津市护路办　季　冰　张宏图）

浙江省“5·26 我爱路”主题宣传教育活动启动仪式在杭州东站举行

为推动铁路爱路护路宣传教育工作广泛深入普及，5 月 23 日，由浙江省护路办主办，杭州铁路办事处、杭州市护路办承办，上城区护路办协办的浙江省“5·26 我爱路”主题宣传教育活动启动仪式在杭州东站顺利举行。

省委政法委平安督导处、省护路办，省交通运输厅公路处、杭州铁路办事处、杭州铁路公安处、杭州市委政法委平安建设督导处、杭州市护路办、上城区委政法委、上城区护路办、杭州东站枢纽管委会相关领导，上城区铁路沿线街道（乡镇）分管副书记、上城区铁路沿线街道（乡镇）护路员代表参加启动仪式。铁路杭州东站派出所，杭州站、杭州工务段、杭州供电段分管领导受邀参加。

启动仪式由省护路办副主任、省公安厅治安管理总队领导主持。省公安厅领导指出，各地各部门要聚焦铁路高质量安全发展给人民生产生活带来的巨大变化、促进地方经济社会发展等方面，向广大人民群众宣讲铁路护路工作的重要性。他强调，要坚持集中与常态相结合、传统与新媒体相结合、定点与流动宣传相结合，突出铁路沿线居民以及重点人员群体，创新内容载体，拓宽活动渠道，增强爱路护路宣传教育的针对性、实效性。要加大对典型事故和案（事）件的宣传曝光力度，以案说法引导广大群众充分吸取教训，确保爱路护路宣传教育工作落地见效。

省委政法委平安督导处领导在 2025 年浙江省“5·26 我爱路”主题宣传教育活动启动仪式上致辞。他指出，铁路作为国民经济大动脉，在服务国家战略、经济发展和群众出行中作用关键，当前浙江省铁路运营里程达 4275 公里，运输压力随客流增长持续加大，沿线安全隐患治理任务艰巨。强调要健全联动机制、完善防控体系，常态化开展隐患排查整治；聚焦打造“5·26 我爱路”宣传品牌，推动安全知识进企业、进农村、进社区、进学校、进家庭，通过线上线下结合的创新形式让爱路护路理念深入人心，携手营造安全畅通的铁路运输环境，为平安浙江建设筑牢根基。上海局集团公司杭州工务段领导、上城区护路员代表分别作了交流发言。

此外，启动仪式现场，参加人员有序参观了铁路安全教育展板。讲解员向公众讲解铁路安全常识，结合真实发生的事故案例，以案释法，让广大群众知晓违反铁路安全规定给国家造成的损失、给家庭带来的不幸，引导大家自觉遵守铁路交通法规。

（浙江省护路办　李惠东）

江西省“5·26 我爱路”主题宣传活动在抚州市南城县启幕

5 月 26 日，江西省护路办在抚州市南城车站站前广场隆重举行“携手共建平安铁路，同心共享美好生活”“5·26 我爱路”主题宣传活动启动仪式。通过领导致辞、现场讲解、知识竞答、互动倡议、“五进”宣传等形式，营造平安铁路、人人参与的浓厚氛围，旨在凝聚社会合力，共筑平安铁路防线。江西省护路办、抚州市委政法委、南城县委政法委、南昌铁路公安局南昌公安处和南昌局集团公司南昌车务段、南昌工务段领导，以及铁路沿线群众、学生、护路志愿者代表等 160 余人参与。

近年来，南城县以防风险、保安全、促稳定为目标，扎实推进铁路沿线环境整治，严厉打击涉路违法行为，广泛开展安全宣传教育，护路联防工作取得了显著成效。但仍需全民参与、齐抓共管。他呼吁全县各级护路组织以“主人翁”意识守护铁路安全，以钉钉子精神压实护路责任，以“接地气”方式传递护路理念，全面做好护路联防工作，把南城铁路打造成安全线、文明线、幸福线。抚州市委常委、政法委书记要求铁路沿线各级党委政府强化政治担当，构建齐抓共管格局；强化统筹推进，落实护路重点工作；强化宣传教育，凝聚全民护路意识；强化科技支撑，提升护路工作效能，为保障境内铁路运输安全畅通、服务经济社会高质量发展贡献力量。江西省护路办主任在讲话中充分肯定全省护路工作成效，指出护路工作容不得丝毫松懈，尤其是铁路沿线安全隐患体量大、问题杂、整治难、易反复，危及行车安全的违规违法行为屡禁不止，给维护铁路运输安全和沿线治安稳定带来巨大压力。强调全省各级护路组织以“防”为先，守牢安全底线；以“教”为基，凝聚全民共识；以“联”为重，形成共治合力，

构建“全民参与、群防群治”的护路工作格局，以一域之稳保全局之稳，确保江西省铁路运输安全畅通和沿线治安持续稳定。

铁路护路知识入脑入心。“高速铁路在城市市区的安全保护区为多少米？”“在铁路沿线两侧多少米不能放风筝、气球、无人机？”主持人题目念完，在场人员争相举手回答问题，“10米，500米。”“回答正确，请工作人员奖励一份宣传品。”领到茶杯、饭盒、手提袋宣传品的群众纷纷说道，这种活动很有意义，能够通过活动熟知护路知识，不会在守护铁路安全上迷路。整个活动现场气氛高涨、群众意犹未尽。

签名承诺凝聚护路共识。南城车站职工代表现场宣读《爱路护路倡议书》，从知法守法、争做铁路安全的“守护者”，从我做起、争当文明出行的“践行者”，携手同行、争创平安铁路的“宣传者”等三方面发出号召，引领全县市民、学生携手同行，从点滴做起，从身边做起，携手共筑铁路安全防线，为同心建设美好家园贡献力量！

进校园、进社区延伸宣教触角。“大家手中的手册，不仅是一份资料，更是一份守护平安的指南。希望大家带回家中，与家人、邻里共学共享，让安全知识走进千家万户。”活动现场设置宣传展台，护路志愿者一边向群众发放《铁路安全知识手册》、定制护路卡通小扇子、手提袋、书包等宣传品，一边同群众交流，并现场解答铁路护路“十严禁”等疑问。在校园专场宣传上，南城车站派出所民警在南城县第二小学礼堂，通过动画视频、互动问答讲解铁路旁放风筝、击打列车、攀爬铁路栅栏防护网、铁轨上行走坐卧逗留等行为的危险性，10名学生获评“爱路护路小卫士”，并现场颁发奖状和奖品。同学们纷纷表示，主动当好宣传“小喇叭”，共护铁路平安。此外，护路干部、网格员、护路志愿者深入南城县城西路社区，发放宣传册和宣传品，普及护路知识，将平安送到群众身边。据统计，此次共发放宣传册2000余份，宣传品1000余份，学生、群众覆盖面达3000余人。

（江西省护路办　叶　青　张飞燕）

宁夏回族自治区深入开展“5·26 我爱路”主题宣传教育活动

宁夏护路办结合新形势下铁路安全工作环境复杂化、宣教对象多元化、宣教需求多样化、宣教领域多极化特点，深入开展“5·26 我爱路”主题宣传教育活动，大力营造“人民铁路为人民、人民铁路人民护”的良好氛围，全民共筑国家安全护路防线。

5 月 23 日下午，宁夏护路办联合自治区党委政法委、教育厅、团委、兰州铁路监管局、兰州局集团公司银川铁路办事处、银川铁路公安处、银川铁路运输检察院、兰州局集团公司安监大队银川分队等路地单位，在银川市贺兰县第三中学举办 2025 年全区“5·26 我爱路”主题宣传教育活动启动仪式，路地相关单位负责同志、工作人员以及 1400 余名师生参加了启动仪式。活动现场宣读了“致铁路沿线广大居民、中小学生的一封信”，呼吁家校联动，共护铁路安全；公布了自治区爱路护路法治宣传教育实践社会组织、高校大学生法治宣讲团、“青心护航”法治辅导队伍等 10 个入选项目名单，并向入选单位代表颁发了“爱路护路教育实践小额资助项目入选证书”，引领推动爱路护路宣传教育实践活动；全体学生作了爱路护路安全承诺，展现了青少年守护铁路安全的责任担当和维护公共安全的坚定决心；向学校爱路护路先锋队授予了队旗，勉励青少年争当爱路护路卫士；组织开展了法治教育及爱路护路知识互动有奖问答，吸引师生踊跃参与，在寓教于乐中普及铁路安全法规。

宁夏护路办负责同志从知路爱路、护路联防、用好载体三个方面进行了动员部署，与会人员、教师、学生代表在签名墙上签写了铁路安全、爱路护路安全寄语，观看了爱路护路宣传教育主题展板及银川铁路公安处、贺兰县文工团精心编排的爱路护路文艺汇演。音乐快板《安全连着你我他》、女声独唱《坐着高铁看中国》等节目精彩纷呈，通过艺术形式将爱路护路理念融入铁路安全文化，为宣传教育活动增添了浓墨重彩的一笔。

5 月 26 日，各地持续开展“5·26 我爱路”主题系列宣传教育活动，不断扩大宣传知晓率和覆盖面。一是特色宣传与主题党日相结合。宁夏护路办（银川铁路办事处综合党支部）、银川市护路办（银川市委政法委党支部）联合开展“爱路护路齐参与、安全稳定共守护”主题党日活动，以党建为引领，组织银川市教育、公安、司法、交通、农业农村、应急管理和铁路工务、供电等 18 家护路成员单位，在金凤区良田镇法治文化广场开展宣传教育活动，通过观摩基层护路阵地、现场兑现铁路护路联防工作“一事一奖”、村党支部书记讲护路故事、公安民警以案释法等形式，使爱路护路宣传走“新”更走“心”。全区境内铁路沿线 5 个地级市、宁东管委会及 20 个县（市、区）同步在 12 个乡村、6 个农（集）贸市场、7 个文化广场开展集中宣传活动，发放爱路护路宣传折页、“致铁路沿线广大居民、中小学生的一封信”等资料 4 万余份，发放小黄帽、笔袋、手提袋等宣传品 1 万余份，受教育人数达 5 万余人。二是老传统宣传与新媒体宣传相结合。各级护路组织、专（兼）职护路队伍结合日常

巡防工作，采取边巡查边宣传的传统方式，在铁路沿线重点部位以及乡镇（街道）、村（社）、广场、厂矿企业等人员密集场所张贴《知路·爱路·护路系列宣传海报》800余份，发放“致广大居民、中小学生的一封信”2000余份，预防处置铁路沿线各类安全隐患60余起。协调各单位在广场、车站等公共场所的LED电子屏上滚动播放爱路护路宣传海报1000余次，利用短信平台、微信公众号、抖音、快手等新媒体平台在乡村微信群、护路工作群转发、推送“5·26我爱路”主题宣传教育活动海报和维护铁路运输安全先进典型、经验做法的互动宣传网页，播放《哪吒铁路安全小课堂》《守护铁路沿线环境　共建美丽生态长廊》等护路工作短视频及铁路安全警示语6万余次，点击浏览量达10万+，实现了线上联动、多元参与、同频共振的良好宣传效应。三是定点入校宣传与流动走访宣传相结合。石嘴山市大武口区、吴忠市红寺堡区、永宁县、同心县等县（区）以中小学生为重点宣传对象，定点在距铁路沿线较近的9所中小学校，通过现场宣讲、互动体验、案例警示、播放PPT课件、发放资料等形式，向广大师生普及铁路法律法规和护路常识，现场以案说法，强化警示教育。专（兼）职护路队伍、村社治保委、铁路公安、铁路单位组成宣传小分队，结合关于加强铁路路外伤亡事故管控工作要求，针对铁路沿线行人抢越线路、违规放牧烧荒、轻飘物挂网等突出隐患问题，深入企业、农村、社区、学校、家庭开展“五进”宣传，普及《铁路安全管理条例》《宁夏回族自治区铁路安全管理若干规定》等法律法规和铁路安全知识，开展敲门入户签约宣传，签订各类铁路安全协议1300余份。

（宁夏回族自治区护路办）

海南省线下线上相结合 开启“5·26 我爱路”主题宣传教育日活动

5 月 23 日，海南省护路办会同海口房建公寓段在东方市海南铁路博物馆举办“5·26 我爱路”主题宣传教育日活动暨爱路护路宣传教育月启动仪式。现场邀请了百余名师生走进海南铁路博物馆，开启了一场兼具知识性与趣味性的主题宣传教育日活动。通过安全知识宣讲、有奖竞答、宣读“致管内铁路沿线学校的一封公开信”和《知路爱路护路倡议书》、演唱《坐着高铁看大海》等活动，将现场爱路护路气氛推向高潮。随后，师生们在品牌“海铁薪火讲解队”的带领下，踏上了一段充满趣味的探秘之旅，通过与学生们“大手拉小手”的互动模式，将铁路安全知识和文化代代传承下去。此次活动融合铁路安全知识宣讲与博物馆研学，让学生们走出校园走进博物馆，近距离感受铁路文化与安全知识，深切感受铁路发展的脉络与魅力，让爱路护路意识像种子一样，在学生们心中生根发芽，共同守护铁路安全生命线。

5 月 26 日，由海南省司法厅、共青团海南省委、海南省护路办、广州局集团公司团委联合主办，由海口综合维修段团委等有关单位协办的“筑梦公益　普法先行”普法宣传云直播活动，依托“12355 海南省青少年服务台”等视频号平台，以当下流行的线上云直播方式，面向海南省内铁路沿线 2.5 公里内 200 余所中小学校及沿线村委会，举办了一场有特色的“普法教育”铁路安全知识宣传课。来自铁路运输单位的职工、铁路民警走进直播间，以幽默风趣的对话互动形式，介绍海南铁路发展史及海南环岛高铁等铁路知识，以具体案例等多种形式为师生们讲解铁路安全知识，向屏幕前的广大群众普及铁路相关法律法规，宣传效果显著，为爱路护路宣传教育活动走深走实奠定了基础，为铁路平安畅通营造了良好的社会舆论环境，为海南自贸港建设提供了坚实保障。

（海南省护路办　刘　郑）

江苏省“5·26 我爱路”主题宣传教育活动在苏州火车站开展

5 月 26 日，由江苏省护路办、苏州市护路办、上海局集团公司南京铁路办事处联合主办，苏州站、上海铁路公安处苏州站派出所承办的“5·26 我爱路”主题宣传教育活动在苏州火车站火热开展。活动旨在提升旅客的铁路安全意识，引导公众自觉遵守铁路法律法规，共同维护铁路沿线的安全与秩序。

苏州火车站作为苏州市交通枢纽的核心区域，每日人流量巨大。省护路办与苏州市护路办抓住这一关键节点，组织工作人员和志愿者，通过在车站广场上布设宣传点和走进苏州站候车大厅等形式，向过往旅客普及铁路安全知识。

活动开始前，工作人员早早来到现场，搭设宣传台、摆放宣传展板，准备好宣传手册与纪念品，迎接过往旅客。宣传展板和手册内容丰富，涵盖《铁路安全管理条例》解读、铁路安全常识及典型事故案例，图文并茂、生动直观地向旅客呈现各类铁路安全信息。

为了提高旅客的参与度，活动特别设置了拍照打卡环节。在精心布置的打卡区域，摆放着印有“5·26 我爱路”字样和铁路安全宣传标语的展板，旅客只需在打卡区域拍照，并分享到社交媒体，就可以获得一份精美的铁路主题纪念品。这一趣味十足的环节，吸引了众多旅客驻足拍照，不仅让旅客在轻松愉快的氛围中学习到了铁路安全知识，还通过他们的社交媒体分享，进一步延伸了宣传范围，扩大了活动的影响力。

候车大厅内，宣传活动同样如火如荼地进行着。工

作人员穿梭在候车人群中，向旅客普及乘坐火车的安全注意事项，例如禁止携带的危险物品、遭遇紧急情况下的应对方法等。同时，利用大厅内的电子显示屏滚动播放铁路安全宣传视频，进一步扩大宣传覆盖面。

此次宣传教育活动，吸引了数百名旅客和周边市民积极参与，不仅提高了旅客对铁路安全知识的知晓率，也进一步增强了大家的安全意识和法治观念。一位来自外地的旅客表示："通过这次活动，我学到了很多以前不知道的铁路安全知识，以后一定会更加注意。同时，也希望这样的活动能够多多举办，让更多的人了解铁路安全。"

省护路办与苏州市护路办今后将继续加强合作，组织开展更多形式多样、内容丰富的铁路安全宣传活动，不断扩大宣传覆盖面，增强广大群众的爱路护路意识，为保障铁路运输安全畅通、构建平安和谐社会贡献力量。

（江苏省护路办）

黑龙江省开展“5·26 我爱路”系列爱路护路主题宣传活动

5 月 26 日上午 10 时，在黑龙江省哈尔滨站候车室内，爱路护路志愿者向旅客发放爱路护路宣传资料和宣传手袋，邀请旅客参与铁路安全知识有奖问答，背景屏幕播放生动鲜活的爱路护路法规宣传片，这是黑龙江省护路办组织哈尔滨市护路办等十三个市（地）护路办和哈尔滨局集团公司等多部门联合开展的“5·26”爱路护路主题宣传活动的主会场，这次活动的目的是提高全省铁路沿线人民群众和广大旅客爱路护路意识，进而形成全社会浓厚的爱路护路氛围。当天，人民网、中新社、央广网、《中国日报》、中国新闻、搜狐网等多家中央媒体进行了专题采访报道，《黑龙江日报》、龙头新闻、黑龙江电视台、东北网、《哈尔滨日报》、《大庆日报》、《齐齐哈尔日报》、《鹤岗日报》、《鸡西日报》等多家地方媒体也进行了集中报道，此次集中行动，将黑龙江省“5·26”系列爱路护路主题宣传活动推向了高潮。

从 4 月 15 日起，黑龙江省护路办提前一个多月开始组织运作，先后向全省各级护路组织密集发出《关于开展“5·26”系列宣传活动的通知》《关于组织播放铁路安全常识系列宣教片的通知》《关于做好“5·26 我爱路”主题宣传系列海报张贴的通知》《关于加强铁路路外伤亡事故管控工作的通知》等多项工作要求，联合哈尔滨局集团公司、哈尔滨市委政法委（护路办）等多个部门，以哈尔滨市、齐齐哈尔市、大庆市等全省铁路沿线十三个市（地）、96 个县（区、市）为活动主阵地，在黑龙江省全域启动了“5·26 我爱路”爱路护路主题宣传活动。与此同时，全省铁路沿线十三个市（地）的党委政府和党委政法委也专门召开会议进行了部署。

26 日当天，黑龙江省哈尔滨、齐齐哈尔、牡丹江、佳木斯、绥化等铁路沿线十三个市（地）和 96 个县（区、市）均在主要车站和市中心商圈集中区域同步开展了 100 余场“5·26”爱路护路集中宣传活动，营造了浓厚的全社会爱路护路氛围。哈尔滨市香坊区委政法委精心部署，协调组织在黑龙江省政府门前公益大屏幕滚动播放爱路护路法规宣传片，有效提升了护路联防工作在省政府机关部门的影响力。大庆市“5·26 我爱路”主题宣传活动于 5 月 23 日在萨尔图区中央商城门前街心广场火热开展。吸引 5000 余名群众到场互动，收到良好宣传效果。大兴安岭地委政法委常务副书记亲临加格达奇区新世纪广场现场指导并参加宣传活动。鹤岗市持续推进“五进”宣传活动，进入矿务局车间、南山区社区进行铁路安全宣讲，会同向阳区护路办前往红军小学进行铁路安全知识普及。黑河市铁路沿线中小学校组织学生现场参观了“争做爱路护路先锋队”创意海报大赛优秀作品展。鸡西市组织群众通过扫码关注鸡西政法抖音公众号，观看《进线之悲》《烧荒之错》《挡道之祸》等系列短视频，深入了解摆障、抢越、攀爬、放飞等 11 类违法行为对铁路运输和自身生命财产安全造成的严重危害。佳木斯市在火车站北广场及站内开展“5·26 我爱路”主题宣传活动，以生动案例、典型事例为广大市民上了一堂爱路护路普

法课。牡丹江市宣传团队走进铁路周边住宅小区，向沿路百姓发放宣传袋并普及爱路护路知识。七台河市工作人员结合典型案例，详细讲解攀爬铁路护栏、在铁路沿线放风筝、堆放杂物等行为的严重危害，号召群众主动参与爱路护路，共同维护铁路运输安全，有效扩大了活动影响力。齐齐哈尔市由老党员、老干部组成的“自卫爱路护路队”充分发挥余热，他们用通俗易懂的语言，向群众详细讲解《中华人民共和国铁路法》《铁路安全管理条例》等法律法规，深入阐释破坏铁路设施及沿线违规行为可能造成的严重后果。伊春市在林场等沿线村屯，通过“林场大喇叭”播放护路顺口溜，组织民间艺术团编排快板节目《铁路通则百业兴》，寓教于乐。

（黑龙江省护路办　谭　亮；哈尔滨市委政法委　朱正生　杨　波）

护路安全“九不”

一、不翻越、移动、损毁铁路线路两侧防护围墙、栅栏或其他防护设施和标桩。

二、不在铁路线路上行走、坐卧和玩耍。

三、不在铁路线路上放置障碍物，不击打列车或向铁路抛掷物品。

四、不在铁路线路安全保护区内放养牲畜。

五、不在铁路附近烧荒用火、挖沙取土、打井取水。

六、不在铁路附近放风筝、气球、无人机、孔明灯等。

七、不非法拦截列车、阻断铁路运输。

八、不扰乱铁路运输指挥调度机构及车站、列车的正常秩序。

九、不盗窃、损坏、移动铁路设施设备。

山西省“5·26 我爱路”主题宣传教育活动亮出新名片

5 月 26 日上午，山西省“5·26 我爱路”主题宣传教育活动全面启动，全省各级铁路护路联防组织参与并开展了主题明确、形式丰富、特色鲜明、效果显著的爱路护路宣传教育活动，持续提升人民群众的知路、爱路、护路意识，营造全社会共同维护铁路安全的良好氛围，不断筑牢维护总体国家安全观的铁路护路防线。

精心筹备奠定安全稳定主基调。按照铁路护路联防安全稳定办公室的通知要求，省护路中心提前下发《关于组织开展“5·26 我爱路”主题宣传教育活动的通知》《关于做好“5·26 我爱路”主题宣传系列海报张贴的通知》，要求并号召各市各级护路联防组织要以聚焦维护铁路平安畅通和沿线社会稳定，切实增强沿线群众依法依规维护铁路安全意识为主要方向，提前策划、精心准备，扎实做好“5·26 我爱路”全国爱路护路主题宣传教育日活动各项工作。

路地配合建立联合宣传主阵地。太原市在稻

田公园开展全国“5・26我爱路”主题宣传日暨第二十七期“手拉手・心连心”铁护公益活动。大同市委在天镇县谷前堡镇马圈庠村开展大同市“5・26守护铁路动脉　共建平安乡村”主题宣传活动。阳泉市在阳泉东站站前广场隆重举行“5・26我爱路”主题日集中宣传教育活动。晋中市在榆次火车站站前广场举行以“消除安全隐患，保障铁路畅通”为主题的“5・26我爱路”集中宣传活动。

创新特色亮出爱路护路新名片。忻州市举办了2025年“5・26我爱路”平安铁路建设主题宣传暨爱路护路宣传“进千家”活动启动仪式，对忻府区兰村乡北场村12个最美家庭代表，进行了授匾。运城市设置了醒目的“5・26我爱路”签名打卡墙，成为往来旅客纷纷驻足的焦点，在背景墙上郑重签下自己的名字，许下“爱路护路”的庄严承诺。临汾市引导广大群众积极支持参与铁路护路联防工作，谱写“全民护路交响曲”；深入沿线30余所学校开展主题宣传活动，谱写“雏鹰成长护航曲”；深入沿线重点村庄（社区）、集市、企业、商铺开展走访宣传，谱写“万家平安协奏曲”。

面向群众奏响全民护路最强音。晋城市精心制作情景短剧、知识科普等宣传视频，以群众喜闻乐见的方式普及铁路安全知识，形成“线上线下同频共振、传统媒体与新媒体互补互促”的宣传态势。吕梁市在吕梁火车站大厅积极向群众发放宣传资料，深入浅出地讲解《中华人民共和国铁路法》《铁路安全管理条例》《山西省铁路安全管理办法》等相关法律法规，引导群众知法守法，积极呼吁广大群众自觉爱护、保护铁路。长治市通过车站大屏播放、与旅客互动、发放宣传物品等形式，向群众普及铁路安全常识，引导广大群众知法、守法、懂法，呼吁广大群众知路、爱路、护路。朔州市重点宣传人为破坏铁路护路栅栏、沿线2.5公里范围内放牧、挖沙取土、行人上道、摆放障碍物、拆盗铁路设备设施等违法行为，突出对辖区内铁路沿线2.5公里范围内的牧民、机动车驾驶员、重点人员、养殖户、厂矿企业负责人及沿线中小学校等进行重点宣传教育，营造了良好的爱路护路宣传舆论氛围，切实提高了铁路沿线居民知路爱路护路的自觉性。

（山西省铁路护路联防中心）

福建省“5·26 我爱路”主题宣传活动别具一格有创意

当童真的画笔勾勒出铁路安全线，当稚嫩的声音宣誓守护铁轨平安，5 月 26 日，一场以“路”为名的爱之教育在福建开放大学附属中学鳝溪校区温情启幕。

孩子们在《轨上律动，护路风尚 show》中演绎铁路安全印记，在《铁路小卫士之歌》的清亮合唱里见证责任传承，报告厅内百年铁路变迁史与非遗剪纸交相辉映。走廊间的手抄报、书信展记录少年与铁路共成长的故事，共同诠释“平安是福”的深意。

福建省护路办以“5·26 我爱路”主题宣传教育活动为纽带，通过“铁轨守护者·童心启航礼”等特色活动，将文化浸润、科技创新、精准防控与全民参与深度融合，让铁路安全从墙上标语变成群众心间共识，织就了一张守护钢铁动脉的平安网。

创新模式让护路知识“飞入寻常百姓家”

“爱路护路不是口号，要让群众听得懂、记得住、传得开。”福建省护路办以“5·26 我爱路”主题宣传教育活动为载体，将铁路安全知识融入百姓生活场景，营造“接地气、冒热气”的宣传氛围。

在龙岩市，“爱路护路三字经”和客家山歌成了村民耳熟能详的“护路曲”。当地护路办将《铁路安全管理条例》等法规编成朗朗上口的快板词、山歌词，通过“村村通”广播每日三次滚动播放。“莫攀爬、莫击车，铁路设施要爱惜；放风筝、无人机，远离线路保平安……”漳平市瑞都村的陈大姐一边采摘萱草花，一边哼着护路山歌，“这些调子比条文好记多了，连我家娃娃都会唱！”

南平市护路办抓住乡村“赶圩”日人流量大的特点，在中心村摆摊设点开展宣传。5 月 26 日，邵武市拿口镇的集市上，工作人员用方言讲解“耕牛上道”“线路摆障”的真实案例，发放印有护路标语的购物袋、围裙等实用宣传品。“这个围裙好，我天天做饭都能看到‘爱路护路’四个字！”村民李大爷笑着说。这些带着烟火气的宣传，正是“平安是福”最质朴的注脚。

沉浸体验让安全教育“看得见摸得着”

在龙岩市新罗区铁路护路宣传教育基地，学生们戴上 VR 设备，瞬间“穿越”到铁轨旁。系统模拟了摆放障碍物、击打列车等 6 种危险场景，列车紧急制动时的剧烈颠簸让龙岩实验小学的小林惊呼：“太吓人了！以后再也不在铁路边玩了！”基地还设置 10 幅事故案例展板和动画宣传片。这种感观式和

体验式相结合的宣传模式，让安全警示直击人心。

福建各地突破传统说教模式，打造特色阵地，运用科技赋能和场景重塑相结合的立体宣教体系，通过 VR 技术、实景体验等创新手段，让铁路安全教育从“单向灌输”变为“多维互动”。福州市马尾区护路办依托铁路主题公园开展各类宣传活动，并选聘学生担任铁路安全小卫士，带动同学、家人和邻居参与。三明市泰宁县将废弃铁路元素融入文旅产业，打造铁路主题公园。民国风站台、仿真隧道与护路宣传巧妙结合，游客在拍照打卡时，还能通过展板学习“铁路安全十不准”。“既能遛娃又能学知识，一举两得！”带着孩子参观的张女士点赞道。

特色宣教体系的触角延伸至八闽各地。厦门市在社区 LED 屏循环播放铁路安全动漫，泉州晋江市中小学铁路安全教育基地开展参观和讲座活动，三明市尤溪县将“5·26 我爱路”主题宣传融入法治宣传中……当传统宣传遇上沉浸体验，“不越线、不击车、不放风筝”的安全准则，通过视觉、听觉、触觉的多维刺激，让“平安是福”的生活理念镌刻在群众记忆中。

织密防线让护路网络“扎根一线护平安”

福建省坚持宣传、治理双轮驱动，通过制度化、精准化举措，构建起群防群治的护路屏障。

“小手拉大手”激活家庭细胞。漳州市龙文区朝阳中心小学的“爱路护路班务会”别开生面：工作人员带领学生集体朗读“铁路安全‘十禁止’”，观看路外事故警示片，课后还将宣传册带回家与父母共读。这种“教育一个孩子，带动一个家庭”的模式在全省推广。福州市闽侯县将爱路护路纳入沿线学校法治教育，通过安全课、致家长信、宣传视频、面对面讲课、摆摊设点等形式，借助“小手拉大手”带动家庭和社会参与。

精准宣传锁定重点人群。针对铁路沿线养殖户、废旧站点从业人员等群体，护路队伍结合本地突出的铁路治安问题，开展精准化宣传并签订安全协议。针对铁路沿线重点人员，主动入户谈心，采取“一对一”宣传教育。同时，重点抓好“入校”宣传，向过往机动车驾驶员发放宣传单和交通提示屏提示……正如省铁路护路联防组织负责人所言：“护路联防不仅是保畅通，更是护民生、促发展。我们将继续创新宣传方式，让‘平安是福’沿着铁轨延伸至八闽每个角落。”

从山歌唱响的龙岩村落，到 VR 科技加持的现代展馆；从“赶圩”日热闹的普法摊位，到铁路公园的文旅融合实践，省铁路护路联防组织用一个个生动案例诠释着“平安是福”的时代内涵：唯有让群众从“旁观者”变成“参与者”，才能织就铁路安全的铜墙铁壁。随着更多群众加入护路队伍，一条条平安铁道线，正成为助力乡村振兴、服务经济发展的“幸福线”。

（福建省护路办　方建军）

广西壮族自治区“5·26 我爱路，壮美桂途同守护”掀护路热潮

5 月 26 日，广西壮族自治区护路办联合多部门，以“5 • 26 我爱路，壮美桂途同守护”为主题，在自治区开展系列法治宣传活动，通过路地协同、精准普法、创新形式，将法治教育与文化浸润相结合，正向激励与反向警示并重，切实提升群众铁路安全法治意识，为构建平安铁路环境奠定了坚实基础。

活动聚焦《中华人民共和国铁路法》《铁路安全管理条例》《广西壮族自治区铁路安全管理条例》等法律法规，结合典型案例解读危害铁路安全行为的法律后果，推广“96116”铁路灾害应急电话受理内容和获奖案例，进一步提升铁路沿线群众知法守法、风险防范、安全应急意识。5 月以来，自治区各级路地单位深入沿线 124 个村（社区）、178 所中小学校、65 家企业开展宣传活动，覆盖群众约 10 万人次。

各地因地制宜创新宣传形式。南宁市将“禁止攀爬接触网”“铁路沿线禁放风筝”等铁路安全警示融入非遗剪纸艺术；贺州市组建“马甲宣讲队”创新推出“田间课堂”精准普法模式，在农歇间隙讲解打通铁路安全宣传“最后一垄田”；融水县非遗“抢花炮”表演，传统民俗与法治宣教相映成趣；融安县则用铁路安全“三字经”等歌舞深化群众记忆；河池市用山歌节目《唱首山歌敬杯茶》充分展示铁路护路联防工作与区域文化的深度融合；梧州市通过铁路安全教育基地“从课堂到站台”零距离安全教育模式，提升青少年铁路安全意识；崇左市以新建高铁为契机启动路地联宣仪式，组建平安铁路宣传队，聘请护路志愿者，组织群众签署爱路护路承诺书，呼吁全民参与护路工作，全力为崇凭铁路顺利开通运营保驾护航。此外，铁路公安通过有奖问答、文艺演出等形式强化互动，企业采用“经验座谈 + 案例警示”模式精准普法，学校通过主题班会、书画比赛等活动实现“家校联宣”。

（广西壮族自治区护路办　丘仕强）

云南省“5·26我爱路”创新举措全面铺开

按照《铁路护路联防安全稳定办公室关于组织开展“5·26我爱路”主题宣传教育活动的通知》部署安排，云南省各级护路组织精心组织开展“5·26我爱路”主题宣传教育活动。

5月26日，云南省护路办、昆明局集团公司在昆明站举行了云南省“5·26我爱路”主题宣传活动启动仪式，昆明市、曲靖市等沿线州市护路组织同步开展了相关活动，活动现场将文艺节目展演与铁路安全知识问答环节相结合，将爱路护路理念生动融入文艺表演和趣味性互动之中。随着活动顺利启动，云南省“5·26我爱路”集中宣传活动在全省范围内全面铺开。

省护路办统一制作1700余份“5·26我爱路”主题系列宣传海报，在铁路沿线火车站、乡镇、社区等重点区域张贴，提升“5·26我爱路”宣传活动社会影响力。昭通市水富市委常委、市委统战部部长、政法委书记亲自授课，昭阳区、镇雄县、彝良县等采取“定点摆摊+流动宣传”模式，在赶集日设立宣传点位，向过往群众讲解法律法规。大理州南涧县委政法委分管领导化身“安全讲师”，鹤庆县在新窝村小学开展铁路安全知识有奖问答，祥云、弥渡、永平、漾濞等县市深入企业、农村、社区、学校、家庭开展宣传活动。玉溪市、保山市、楚雄州、红河州、西双版纳州、丽江市、迪庆州各级护路组织、路地公安和铁路站段协调联动，通过知识专题讲座、有奖知识竞答、铁路文艺展演、发放宣传资料等多种形式开展爱路护路宣传。

省护路办积极探索“护路宣传+研学体验”新模式，在“云南铁路护路”微信公众号开展护路知识竞

赛，选取成绩前列的用户奖励铁路工业游名额，活动吸引1000余人次参与答题。组织127名群众、学生报名参加铁路工业游，通过参观云南铁路博物馆、昆明南动车所，近距离了解云南铁路发展历史和铁路安全知识。文山州现场颁发爱路护路先进学校奖牌、爱路护路宣传员聘书。普洱市制作《巡路护路，我们一马当先》《在动车站不能做的15件事》《铁路安全法知多少》等短视频。临沧市制作政法主播说，解说典型案例。各地综合运用线上知识竞赛、主播说护路栏目、网络直播等形式，同步开展铁路安全法律法规解读与宣传，实现活动开展有序、内容充实、形式多样。

利用线上新媒体覆盖面广、受众多的特点，协调新华社、《人民日报》、央视新闻等20余家媒体宣传活动相关内容进行宣传报道。对报告铁路险情的路外人员奖励1000元，在全省护路组织通报表扬，动员和引导沿线更多群众共同维护铁路运输安全畅通。新媒体作品《云南省“5·26我爱路”主题宣传教育活动启动》《村民发现安全隐患，铁路部门奖励1000元》等累计阅读量超过200万，营造了爱路护路、人人有责的良好氛围。

（云南省护路办　段再宇　徐梓淇）

广东省各地市全面启动“5·26 我爱路”主题宣传教育

广东省各地市举办“5·26 我爱路　平安铁路伴你行”主题宣传活动启动仪式，在铁路沿线广泛营造爱路护路浓厚氛围。

东莞市：5 月 15 日，市委政法委牵头组织在樟木头火车站召开东莞市 2025 年铁路护路联防工作现场会暨“5·26 我爱路　平安铁路伴你行”主题宣传教育活动启动仪式。参会代表观摩了樟木头镇路地联勤工作站的工作成果，并在会场共同观看了铁路护路联防工作视频。启动仪式后，新媒体普法、校园法治课堂、社区志愿者宣传等活动在全市范围掀起爱路护路宣传热潮。

广州市：4 月 30 日在花都区花都广场举办“5·26 我爱路　平安铁路伴你行”护路主题宣传月活动启动仪式。广州市花都区阳光学校组织学生编排表演了《爱路护路歌曲》《爱路护路三句半》等节目，向在场群众普及铁路安全知识，强调爱路护路的重要性。现场多名群众主动表示将加入护路志愿队伍，共同助力广州建设更高水平的平安铁路。

深圳市：5 月 16 日，深汕特别合作区护路办在赤石街道金石寨广场举行启动仪式，通过发放图文手册、宣讲案例视频等方式，向村民普及《铁路安全管理条例》的核心内容，在“铁路安全知多少”

有奖问答环节，村民们踊跃参与，现场累计发放宣传品200余份。

5月20日，南山区护路办会同深圳西站派出所、平南铁路公司，在南山区珠光小学举行启动仪式。在场学生共同宣读了日常生活中“九不要守则”，倡议从自身和身边小事做起，自觉遵守铁路安全法规，主动向家人和朋友宣传爱路护路知识，争当爱路护路的小卫士。

5月20日，龙华区启动仪式在深圳北站候车室举行。铁路民警代表上台宣读《打造平安铁路　共建平安深圳倡议书》，工作人员向旅客普及铁路法律法规知识，发放宣传手册，讲解典型事例以案释法，并开展有奖竞答等活动。这些富有教育意义的内容和精美实用的小礼品，得到了现场旅客群众的一致欢迎。

中山市：5月20日，组织举办2025年“5·26我爱路　平安铁路伴你行”主题宣传教育活动启动仪式。活动现场首先播放了铁路安全宣传视频，通过真实案例和专家讲解，向在场师生普及了铁路安全知识。广丰小学校长为广州铁路公安处中山站派出所民警颁发了“法治副校长”聘书。随后，学生代表郑重宣读了《爱路护路倡议书》，倡议同学们从自身做起，从身边小事做起，自觉遵守铁路安全法规。台下同学们深受感染，纷纷表示要积极响应倡议，为爱路护路贡献自己的力量。

云浮市：5月21日，在云城区腰古镇中心小学举办2025年“5·26我爱路　平安铁路伴你行”主题宣传教育活动启动仪式暨宣传教育活动，护路办及铁路民警、铁路单位工作人员通过案例讲解、知识讲座、情景模拟、有奖竞答等形式，向在场师生普及铁路安全知识，详细介绍了维护铁路安全的重要性，着重强调铁路危险行为的危害与法律后果，引导学生树立铁路安全意识和防伤害意识。活动过程中，工作人员与同学们积极互动，同学们踊跃举手发言答题，现场气氛热烈。

（广东省护路办）

新疆维吾尔自治区、新疆生产建设兵团“5·26我爱路”主题宣传教育活动扎实推进

5月22日，新疆维吾尔自治区、新疆生产建设兵团和铁路部门联合开展了“5·26我爱路”主题宣传教育启动仪式，自治区、兵团铁路护路联防专项工作组办公室副主任宣布“5·26我爱路”主题宣传教育活动正式启动。

自治区、兵团铁路护路联防专项工作组办公室发挥铁路护路联防安全稳定机制的统筹协调作用，积极对接各地（州、市）、兵团师市护路联防办及成员单位，库尔勒、喀什、哈密等各地州市、兵团师市宣传活动跟进开展，各宣传现场通过集中讲解、签名承诺、互动交流、展板展示等多种方式进行广泛宣传，发放宣传手册、宣传品5600余份，19300余人受到宣传教育，800余人次前来咨询铁路安全相关问题，《乌鲁木齐晚报》等媒体采取多种形式广泛宣传，有效提升了群众的爱路护路意识。

“今年以来，我们组织路地各单位开展铁路安全‘五进’宣传活动已达2406场次，发放宣传材料12.1万份，受教育人员25.1万人次。”自治区、兵团铁路护路联防专项工作组办公室副主任说，通过自治区、兵团和铁路部门常态化宣传教育，爱路护路宣传教育工作持续保持着浓厚的氛围。

下一步，自治区、兵团铁路护路联防专项工作组将总结经验、集中资源，发挥护路联防工作机制优势，与政法委、教育、公安、交通和铁路等成员单位紧密配合，将宣传教育活动推进到铁路沿线各市县、乡镇和社区，重点加强对中小学生、农牧民、驾驶员等易肇事群体的针对性宣传，加大铁路沿线安全环境隐患排查整治力度，确保铁路安全畅通和沿线社会稳定。

（新疆维吾尔自治区、新疆生产建设兵团铁路护路联防专项工作组办公室　杨胜彬）

青海省深入铁路沿线集中开展“5·26我爱路”主题宣传教育活动

5月26日，青海省各级护路组织认真筹划、精心组织，在铁路沿线集中开展“5·26我爱路”主题宣传教育活动。青海省护路办、西宁市护路办、大通县护路办联合西宁市铁路公安处、大通县公安局、长宁镇党委政府、车站派出所等单位，特邀兰州铁路监督管理局、青藏集团公司，集中开展宣传教育活动。活动遵循“对外宣传抓覆盖，对内宣传抓重点”的要求，设立集中宣传点，围绕《中华人民共和国铁路法》《铁路安全管理条例》开展面对面普法，以近年来铁路事故案例开展警示教育，深入农牧户家中发放宣传资料，引导群众主动参与护路行动，确保深化宣传实效。

活动当天，以群众喜闻乐见的快板表演、大合唱、三句半、民族舞蹈等文艺节目拉开序幕，以押韵词句普及铁路安全知识，生动诠释“不攀爬、不击车、不破坏”的护路准则，通过激昂旋律传递铁路安全的重要性，引发观众共鸣。同时，铁路公安处民警结合近年发生的非法穿越铁路、破坏防护网等典型案例，现场解读《铁路安全管理条例》，解答群众提出的“铁路沿线建房规定”“紧急情况如何报警”等问题。

海东市联合乐都区委政法委、教育局、交通运输局、车站派出所等单位在乐都区中心广场开展宣传活动。活动现场通过悬挂横幅、发放宣传手册和宣

传品等方式，围绕铁路相关法律法规，向群众普及铁路安全常识以及“禁止在铁路线路安全保护区内烧荒、取土、倾倒垃圾”等铁路沿线禁止行为，面对面解答群众咨询。平安区、民和县、互助县利用铁路沿线各村微信群等普及铁路护路安全知识，在铁路沿线村庄宣传栏等醒目位置张贴宣传海报，持续扩大宣传覆盖面和影响力。

海西州深入铁路沿线企业、农村、社区、学校、家庭开展宣传活动，护路队员、社区志愿者等以举办讲座、发放宣传品、播放宣传片等形式，向广大群众和师生宣传铁路相关法律法规和安全常识。格尔木市、都兰县、乌兰县等地充分利用出租车顶灯 LED 显示屏和商超、火车站候车大厅 LED 显示屏等平台播放铁路安全宣传标语，加大活动的宣传力度。

海北州以沿线中小学生为重点宣传对象，通过“理论讲解 + 互动体验”的形式，在海晏县和刚察县多所小学开设专题讲座，结合翻越护栏、铁轨摆障等典型案例解析铁路安全常识与法律法规，通过播放安全警示片、现场问答等形式，提升师生安全认知。海晏县在前期摸排走访的基础上，结合农牧民在铁路沿线放牧、烧荒等隐患高频的实际，将沿线金滩乡岳峰村、三联村、黄草村、海峰村、道阳村 5 个村确定为重点宣传村，以“精准覆盖 + 多元形式”的形式联合开展集中宣讲和逐户走访活动，确保“一对一”宣讲到位。

活动期间，全省各地共走进中小学校 43 余所，悬挂宣传横幅 100 余条，摆放宣传展板 80 余块，张贴海报 300 余张，分发各类宣传资料 6000 余份，发放文体用品、抽纸、手提袋等宣传品 7000 余份，滚动播放安全宣传标语 10000 余条，受教育群众达 5 万余人，宣传活动取得了实实在在的效果。

（青海省护路办）

河北省推进“5·26 我爱路”宣传教育走深走实

河北省将 5 月作为集中宣传月，整合资源力量，拓展形式载体，引导各地以普及宣传、延伸覆盖、灵活多样、务实管用为重点，开展吸引力、感染力强和具有地域特色的宣传教育活动，多举措推动爱路护路宣传教育工作走深走实。

河北省委政法委协调省通信管理局，在 5 月 26 日 9 点向全省手机用户发送“5·26 我爱路”主题宣传教育公益短信，此活动在全省引起了强烈的社会反响。张家口市借助京张铁路建成 120 周年、京张高铁建成 6 周年、“中国铁路之父”詹天佑诞辰 164 周年这一契机，对下花园区“京张铁路记忆馆”进行扩建提升，全力打造爱路护路宣传教育基地。该基地受到《人民日报（海外网）》《新京报》《张家口日报》等媒体的广泛宣传报道，进一步提升了宣传教育的效果。邯郸市各县（市、区）组织专职护路队员在京广、邯长、邯济、邯黄、马和、沙午铁路线和京广高铁沿线循环开展内容丰富、形式多样的爱路护路宣传教育活动。保定市易县党委政法委利用“5·26 我爱路”主题宣传日深入京原线玉山铺村对放牧户进行面对面宣传教育，徐水区结合实际案例，在高林村小学开展“5·26 我爱路”专题宣传活动，向学生们讲解了铁路安全“十不准”，发放了《铁路安全知识手册》和印有爱路护路标语的文具、书签等宣传品，推动形成“教育一个孩子，带动一个家庭，影响整个社会”的良性循环。廊坊市广阳区、永清县、固安县、霸州市铁路护路联防组织深入津霸铁路沿线中小学校开展有针对性的爱路护路宣传教育活动。沧州市各县（市、区）组建宣传队，印制护路宣传图册 6 万余册，制作宣传布袋、作业本 4 万余份，定期进村入户开展面对面宣传，进企入校联动宣传，还深入集市开展有奖知识问答活动。石家庄市委政法委启动在全市铁路沿线桥梁、涵洞重点处所设置 400 余个“爱路护路十一个‘严禁’”固定展板工程，着力打造爱路护路宣传教育前沿阵地，目前该项工作仍在推进中。石家庄铁路办事处与域内石家庄、保定、邯郸、邢台、衡水、定州、辛集等市和雄安新区加强铁路沿线环境治理、治安风险防范、护路宣传等护路联防协作，先后购买近 5 万元的护路宣传品助力爱路护路宣传教育活动的开展，进一步增强了各地属地责任和部门责任意识。

（河北省护路办　郭　鸿）

湖北省十堰市动员小学生争当“铁路护路小卫士”

5月26日，湖北省十堰市委政法委（市护路办）与茅箭区委政法委（区护路办）组织区教育局、武当路街道、二堰街道、十堰车站派出所等相关单位在重庆路小学开展“5·26我爱路”宣传活动。

活动现场，通过讲解铁路护路安全知识、铁路安全知识进课堂、铁路护路知识竞赛、观看《铁路安全宣传动画片》、发放宣传资料宣传品等方式，以“筑牢平安铁路生命线，争当铁路护路小卫士”为主题宣传爱路护路知识，并在少先队员中评选出了10名“铁路护路小卫士”，其中一名“小卫士”代表宣读了《爱路护路倡议书》。工作人员耐心地通过宣传展板、课堂讲解等，向师生普及《中华人民共和国铁路法》《湖北省铁路安全管理条例》等法律法规和铁路安全常识，讲解爱路护路的重要性和铁路交通安全注意事项，告诫大家要时刻树立安全意识，珍爱生命，不在铁路上行走、坐卧，不放置、遗弃障碍物，不向行驶的列车投掷物品。提醒广大师生和家长爱路护路、保护铁路设施，树立正确的安全防护意识，引导广大师生和家长自觉尊法、学法、守法、用法，学会保护自身安全，积极参与到爱路护路宣传中来，做遵纪守法、爱路护路的好公民。

此次活动，共发放《茅箭区中小学生铁路安全手册》、“致全区中小学生家长公开信”、“复兴号”中国标准动车组CR400BF型3D馆藏模型，以及带有铁路元素的作业本、笔等相关资料物品3000余份，参与师生4000余人，有效增强了广大师生和家长的爱路护路意识和安全防范能力，营造了良好的法治氛围。

（湖北省十堰市护路办　郑日军）

辽宁省盘锦市举办“5·26 我爱路”主题宣传活动

5 月 26 日，盘锦市委政法委联合兴隆台区委政法委、盘锦车站派出所，在兴隆台区渤海街道开展“5·26 我爱路”主题宣传活动，大力营造爱路护路的良好社会氛围，引导广大群众进一步了解铁路安全常识及相关法律法规，确保铁路平安畅通和沿线社会稳定。

活动现场，社区群众围绕铁路护路主题，精心组织编排了舞蹈、合唱、诗朗诵等文艺节目；锦州铁路公安处盘锦车站派出所警务人员向群众讲解铁路安全常识和铁路法律法规，通过铁路线路安全保护区内烧荒等一个个真实案例，劝导广大群众和中小学生提高安全防范意识，自觉遵守相关规定并抵制各种铁路违法行为，共同维护好铁路治安秩序。同时，通过现场互动，进一步宣传了随意进入铁路防护网和铁路线，在铁路线路两侧 500 米内升放无人机、风筝、气球、孔明灯等低空漂浮物或放养牲畜等行为可能引发的严重后果，引导沿线群众自觉遵守铁路安全规定，共同维护铁路安全。

此次活动，向周边居民发放各类宣传资料 1000 余份，接受教育的学生及群众 500 余人，切实提高了广大群众爱路护路的自觉性，推动爱路护路理念深入人心，形成了“知路爱路护路，共建平安铁路”的良好氛围。

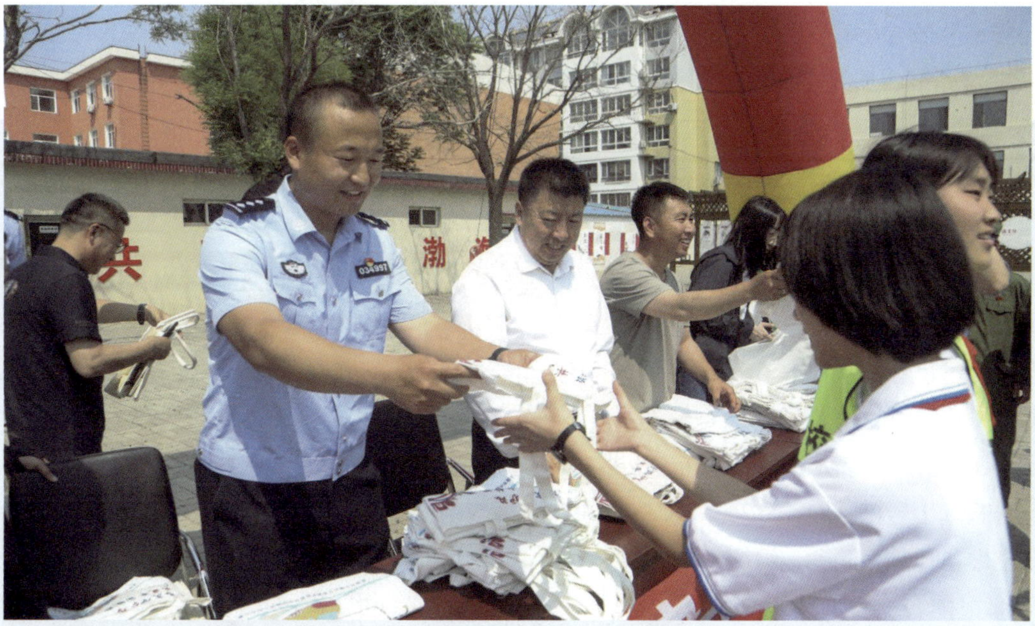

（辽宁省盘锦市委政法委　赵　微）

内蒙古自治区乌兰察布市“5·26 我爱路”宣传教育活动特点鲜明

5 月 26 日 9 时，由乌兰察布市委政法委、乌兰察布市护路办主办，集宁站派出所、乌兰察布站派出所、土贵车站派出所协办的“5 • 26 我爱路”主题宣传教育活动暨启动仪式在乌兰察布市集宁区法治文化广场拉开帷幕，8 个涉路旗县市区同步进行。

活动现场精心布置，搭建大型主题背景展板，“5 • 26 我爱路”字样醒目突出，搭配铁路安全宣传标语及“人民铁路为人民　人民铁路人民护”为主题的图案，吸引群众目光；设置充气拱门，拱门标语传递爱路护路理念，成为活动现场的标志性景观；摆放系列宣传图版，以图文并茂的形式，详细展示铁路安全法规、危害铁路安全的行为及后果等内容；现场循环播放铁路安全宣传音频，让群众更直观地认识到保障铁路安全的重要性。同时，在广场显眼位置张贴主题海报，扩大宣传覆盖面，营造出浓厚的宣传氛围。

卓资山护路联防队配合派出所在卓资山车站候车室设置宣传咨询台，悬挂“5 • 26 我爱路　平安铁路我守护”主题横幅，以通俗易懂的语言向旅客讲解铁路安全常识。

土贵护路联防队组织护路联防队员深入位于京包线附近的索家村、李家村、二十号村开展“5•26 我爱路”主题宣传教育活动，组织村民学习海报内容，发放“5 • 26 我爱路”宣传资料，同群众打成一片，贴心交流，用通俗易懂的语言耐心讲解铁路安全相关法律法规和注意事项，引导群众自觉遵守铁路安全规定，积极参与到爱路护路行列中来，保障铁路安全畅通。

为将“5 • 26 我爱路”爱路护路理念传遍千家万户，影响和带动更多的人认知铁路安全、保护铁路安全，充分发挥“大手牵小手、小手拉大手”校园宣传辐射范围广大的作用，护路办组织人员有序、有效地开展校园宣传活动。5 月 26 日，兴和县政法委（护路办）、兴和西车站派出所、兴和北车站派出所、兴和护路联防队组成联合宣传队，走进兴和县曙光小学，组织五年级 200 余名师生有序参观了“兴和县爱路护路宣传教育基地”，师生们通过观看图文展板、实物展示，系统了解了铁路发展历程、铁路设施设备、铁路安全重要性等知识。生动形象的展示，让原本枯燥的铁路知识变得通俗易懂，师生们在沉浸式体验中，对铁路安全有了更直观的认识。

（内蒙古自治区乌兰察布市护路办　王志伟）

科技赋能 | 智慧护路

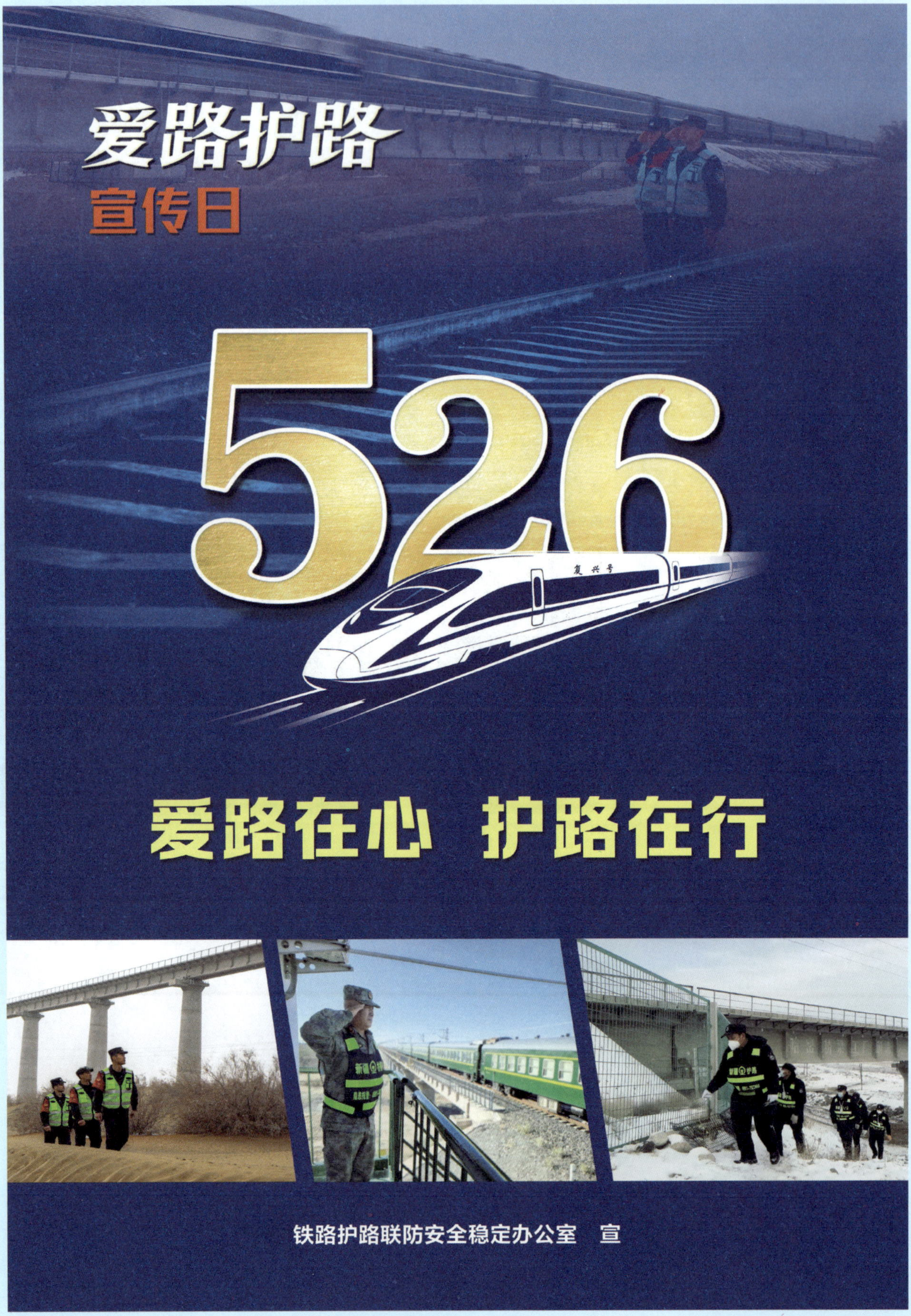
爱路护路
宣传日
526
复兴号
爱路在心 护路在行
铁路护路联防安全稳定办公室 宣

成都局集团公司绵阳工务段
对接“雪亮工程” 升级安全防控

近年来，绵阳工务段认真贯彻成都局集团公司推动安全管理数智化、信息化的部署，在四川省护路办、四川省公安厅和地方党委政府、绵阳市护路办、绵阳市公安局的大力支持下，致力于推动路外安全防控数智化、信息化，积极引入科技手段助力路外安全防控，用高科技的视频监控形成网格化管理。尤其是通过主动与地方政府协调沟通，共享“雪亮工程”资源，搭建信息互通、合作双赢模式，进一步夯实路外安全基础，切实提升了路外安全防控能力并取得实效。

智慧化布局，实现路地紧密对接

2021年7月，绵阳工务段在“双段长”联席会工作对接中，获悉段管内铁路沿线不少地段都安装了以网格化管理为基础的视频监控系统“雪亮工程”，经组织人员现场踏勘了解，得知地方“雪亮工程”建设数量大，而绵阳工务段正好需要运用其适时调阅、及时处置、路外伤亡追溯等功能来填补路伤防控的短板，于是萌发了接入“雪亮工程”保障路外安全的想法，并及时向集团公司领导和相关部门进行汇报且赢得了肯定和支持。一是主动实践，开展试点。将广元市作为接入“雪亮工程”建设的试点，多次向市委政法委领导专题汇报，阐述地方“雪亮工程”具备的功能与铁路环境治理工作的关联性、协调性和同向性，实现路地融合资源共享，赢得路地共保铁路安全、人民生命安全效益最大化。同时针对保密顾虑，段主动与政府部门签订保密协议，2021年底顺利接入广元市辖区内铁路沿线的“雪亮工程”视频，为后期“雪亮工程”接入立标打样。二是技术革新，建设平台。针对“雪亮工程”系统调试过程中面临的数据传输采集难题，绵阳工务段在技术革新上下功夫，投资40余万元建设“雪亮工程”专网管理平台，整合了既有物理防火墙，成功解决传输问题。三是合力共为，全面铺开。2022年，绵阳工务段运用试点成功经验，组建专项工作组，明确链路搭建方式，按照一处一方案、一点一计划，分别在绵阳、德阳、南充、巴中等地市的宝成、兰渝、广达、德天、广岳五条铁路沿线与“雪亮工程”业务主管部门对接。同时段各部门参与，有效解决资金、设备、技术、保密等问题。通过28次与属地政法委的沟通协调，在省市护路办、省公安厅经文保总队、绵阳市公安局和集团公司相关部门的指导下，在各地市党委政府的鼎力支持下，2023年6月，绵阳工务段管内铁路沿线260个“雪亮工程”视频完成接入。

精细化管理，安全隐患无处逃匿

一是针对“雪亮工程”只显示属地村镇土名称，发现安全隐患不能在第一时间精准判断和应急响应，延长处置时间的问题，绵阳工务段主动与属地政府相关部门现场核实每一个视频所对应的铁路里程，在“雪亮工程”显示层增加铁路里程标注，有效提升路外安全防控的精准度和精细度。二是采取属地桥路车间负责防护网内、线路巡防队员负责防护网外的联合巡检方式，对影响“雪亮工程”视线的植被进行砍伐清理，使之更清楚、更直观调阅现场。三是按照分工由视频盯控人员进行实时盯控调阅，然后对发现的问题和隐患由数据分析人员按照应急流程进行处置，在《盯控调阅工作日志》上做好记录，完善“一处一档”。四是按照高风险、中风险、低风险实施分级管理，根据“极端天气”“一般天气”两个格次进行分类盯控。“极端天气”按照高风险、中风险、低风险处所每 5 分钟、15 分钟、30 分钟不少于 1 遍进行盯控调阅；“一般天气”按照高风险、中风险、低风险处所每 15 分钟、30 分钟、60 分钟不少于 1 遍进行盯控调阅。五是为强化视频盯控调阅人员素质培养，坚持每日一问、每周一考，提高准确研判风险隐患能力，确保熟练掌握应急处置流程。

创新化应用，推进安全防控再升级

2024 年，绵阳工务段创新引入人工智能、大数据分析和物联网技术，对“雪亮工程”进行智能系统全面升级。一是智慧道口、安全护航。安装防路伤报警器与非法道口 4G 全自动控制报警器，打造智能化、高效化铁路道口安全管理体系，实时监测列车及行人情况，及时发出语音播报。二是链路整合、信息共融。整合互联网、电子政务外网、铁路专网与铁路相关数据资源，实现高效数据传输和综合信息管理，盯控人员可以多屏幕查看监控画面，自定义时间对视频进行分屏轮播，以提高工作效率。三是异物入侵、智能识别。基于人工智能与图像识别技术分析视频流，利用深度学习算法研发路外物种入侵检测识别功能，并重点打造异物入侵、限高识别、水位及气象监测、火灾判定、烟雾识别等 12 种安全预警。

截至 2024 年 3 月，绵阳工务段通过“雪亮工程”及时发现路外安全隐患 75 起，均得到及时高效处置。同时，绵阳工务段把“雪亮工程”智能平台建设中积累的经验、路地协作的良好关系延伸运用到线路封闭和通道建设中，有效劝阻了 240 余次阻工，彻底封闭了 154 个网口，为铁路运输安全提供了有力保障。

（成都局集团公司绵阳工务段　邢国春）

爱路护路“三字经”

爱家乡，爱铁路，爱公物
互尊敬，互帮助，互勉励
铁路通，百业兴，人民兴
铁路法，牢牢记，永遵循
铁路线，不毁路，不闹事
铁路边，不乱采，不乱堆
搞创建，党政抓，领导带
创走廊，全民动，联队防

要稳定，先宣传，再教育
要平安，综合治，多手段
走廊内，治安稳，运输畅
保铁路，维治安，任务重
铁卫士，尽义务，做贡献
勇斗邪，勇开拓，勇争先
不怕苦，不怕累，讲奉献
为国家，为人民，立新功

江西省新余市
打造“智慧护路”新样板

新余市积极探索科技赋能铁路护路新途径，自主研发“智慧护路”平台，构建了“一网监测、一屏调度、一体防护”的智能化铁路护路新模式。2024年平台运行以来，共触发智能告警4596次，处置反馈率100%，及时防范处置可能影响铁路安全的预警信息37条。2025年以来，全市境内影响铁路安全案（事）件同比下降66.7%，年度考核稳居江西省护路系统第一方阵，形成科技赋能护路工作的“新余名片”。

立足“三好”定方向

高位推动，筑好“基石”。市委主要领导亲自部署，市委政法委书记强力推进“智慧护路”平台建设。市政府常务会审议确定将“智慧护路”平台建设纳入本级政府投资信息化项目，并定期调度项目建设情况。2024年，市政府在财政资金紧张的压力下，投入890余万元建成新余市“智慧护路”平台项目，实现铁路护路技防体系迭代升级。深入调研，绘好“蓝图”。聚焦沪昆高铁和沪昆普速线等重点客运线路，经过技术团队两轮现场勘查和发改立项评审、数据局技术评审、预算复核评审等多次专家论证，确定了以沪昆高铁路基段和沪昆普速线治安复杂地段为重点，以1.5～3公里有效监控半径为标准的建设方案，确保资源投入效益最大化。资源

融通，找好“靠山”。将平台深度融入“城市大脑”，前端监控视频通过视频专线直连汇聚至“城市大脑”政务云系统，高效利用其海量存储、强劲算力、安全隔离和智能运维能力，保障视频传输流畅。同时，平台视频资源储存共享“城市大脑”防火墙和边界设备。

激活实战“一盘棋”

站高点，拓视域。依托铁路沿线平均 35 米高的通信塔基站，挂载新建 58 个高空瞭望摄像机和 2 套太阳能语音播报智慧杆，监控视域扩大到铁路周边 3～6 公里。融合先进传感技术和 AI 算法，精准划定电子围栏，智能识别入侵目标类型与位置，及时上传报警信息和定位数据。同时联动 50 套低频广播预警装置，实行“智能 + 人工”喊话相结合的方式对入侵人员进行警示提醒。抓重点，析隐患。针对铁路沿线重点安全隐患事件，集成红外补光、热成像、激光变焦等多维感知技术，植入“区域入侵检测、违规施工检测、杂物堆积检测、抛洒物检测、烟火识别检测、地质灾害检测”六大核心算法分析功能，并在后台持续训练优化算法，实现隐患智能预警、精准研判，确保预警信息第一时间交办处置。扫盲点，织天网。针对平交道口、交通涵洞、跨铁桥梁、人员密集区域等高空监控不到的治安重点部位，从新余特色“视频湖”中精选 70 个“雪亮工程”既有监控点位视频资源接入平台，实现了全市境内 122 公里客运线路视频监控全覆盖，构建了“高空俯瞰全域、低空锁定重点”的全天候、立体化监控网络。

注入长效“强心剂”

闭环联处，精细管理。坚持“协同配合、高效处置”理念，创建“智慧护路 + 人工”预警处置机制。聘请 3 名专职人员在指挥中心 24 小时轮岗值守，建立预警信息处置群。平台触发预警事件后，即时推送至指挥中心值守人员，经值守人员核实确认后，系统自动生成处置工单，精准派发至对应路段工作人员，工作人员通过上传现场处置图片等方式反馈处理结果，形成了“预警—核实—派单—处置—反馈”全流程闭环管理。视频联动，跨界赋能。坚持“一网多用、资源共享”理念，创建“智慧护路 + 雪亮工程”视频资源共享机制。将平台接入各地“雪亮工程”视频专网，各级综治中心可以利用高空眺望摄像机超高的分辨率和视域半径，调度不同点位轮询检测，从而扩大监控范围，能够有效助力铁路周边治安防控、应急救援、交通运输、生态环保等城市管理的方方面面，夯实社会治理基础。网格联宣，靶向示警。坚持“预防为主、宣传为先”理念，创建“智慧护路 + 网格”精准宣传机制。平台定期研判影响铁路安全典型违法，推送相关信息至属地，属地工作人员在不涉及隐私的情况下，根据典型违法“量身定做”横幅，以身边案例提醒身边人，起到了“查处一起、警示一片、治理一域”的法治教育和社会预防效果，全面提升了群众铁路护路意识。

（新余市委政法委　毛　龙　胡　裕）

甘肃省兰州市
科技赋能织密技防“一张网”

兰州市作为西北地区的重要交通枢纽，铁路沿线环境复杂，现有陇海线、兰新线、宝兰高铁等13条铁路，护路总里程达到705.6公里。铁路沿线2.5公里范围内涉及62个乡镇（街道）、278个村（社区）以及128处废旧收购点、3400多个企业、914家大棚种植户、30个农贸市场（集市）、25个厂区（园区）等，存在非法施工、行人穿越、异物侵限等安全隐患。为落实铁路护路联防安全稳定工作制度，兰州市委政法委、兰州市护路办依托甘肃省铁路护路联防信息视频监控系统平台，以“技防＋人防＋联防”为抓手，构建多方协同、智能高效的铁路安全防护体系。自平台运行以来，通过该信息系统平台成功处置安全隐患65件，有效提升了铁路沿线安全治理水平。

强化智能监控，织密技防“一张网”

重点覆盖：依托甘肃省铁路护路联防信息系统和省护路办在铁路沿线重点区段部署的视频监控立杆、高空瞭望摄像机、有源音柱广播系统等设施，实现重点区域24小时智能监控。

智能预警：通过视频监控平台接入甘肃省铁路护路联防信息系统AI识别算法，自动捕捉翻越护栏、轻飘物挂网、牲畜靠近等异常行为，即时推送报警信息至市、县两级护路办，以便及时处置安全隐患。

数据赋能：建立安全隐患数据库，通过视频回放、轨迹分析等功能，精准研判隐患分布规律，为专项整治提供数据支撑。

深化联防联控，构建协同“大格局”

联席会议机制：联合工务段、铁路公安以及路地成员单位等部门定期召开联席会议，通报隐患问题，制定整改方案，明确责任清单。

路地联动巡查：组织护路队员、线格员与工务段巡线员、铁路派出所共同开展联合巡查，对巡护区域进行常态化重点排查，形成“线上＋线下”互补机制。

应急处突协同：建立联动响应流程，发现安全隐患时，铁路公安、工务段、属地护路办同步响应，快速处置行人上道、烧荒烟雾侵线、轻飘物挂网侵线等事件。

线格化精准管理：将铁路沿线划分为 145 个线格单元，配备专职护路队员和线格员，依托甘肃省铁路护路联防信息系统信息化模块，实现隐患上报、任务分派、处置反馈全流程线上管理。

聚焦隐患整治，打好安全“攻坚战”

专项治理行动：针对视频监控高频报警问题（如轻飘物挂网、行人上道等），联合路地成员单位开展春季轻飘防范治理专项攻坚行动，2025 年 3—4 月累计处置轻飘物隐患 307 件，开展周边环境大整治活动 21 次。同时，开展春耕和清明期间铁路沿线行人上道防范治理行动，成功处置行人上道安全隐患 93 件。

重点人群管控：统筹发挥综治中心、网格员、专职护路队员和线格员作用，常态化开展矛盾纠纷排查化解，通过所属网格录入“民情地图•小兰善治”平台，及时更新铁路沿线重点人员信息库，督促有关部门落实管控措施，坚决将矛盾纠纷化解在基层、化解在源头。

宣传教育前置：利用监控平台抓拍查找行为人，联合铁路公安机关进行查处。开展“五进”宣传活动，结合真实案例宣讲铁路安全法规，通过乡村广播、微信群推送至沿线居民，提升群众爱路护路意识。

通过上述措施，兰州市铁路护路联防工作实现“两降两升”：危及行车安全事件、干扰行车秩序案（事）件显著下降，群众参与度、隐患处置效率明显提升，2024 年涉铁案（事）件同比减少 105 件，下降 36.84%。下一步，兰州市将深化信息化应用建设，推动甘肃省铁路护路联防信息系统和“民情地图•小兰善治”平台应用，全力打造甘肃省铁路护路联防“兰州样板”。

（兰州市护路办　宋　瑞）

上海市虹口区

打造水陆空“三维一体”防护网

江湾镇街道地处上海市虹口区北部，分别与杨浦、静安、宝山三区接壤，辖区内有南何、北杨、淞沪三条铁路干线，总长4.362公里，沿线河道纵横、路网交错，铁路护路工作面临点多、线长、面广的复杂挑战。近年来，江湾镇街道坚持“安全第一、预防为主、综合治理”工作方针，结合铁路“双路长”“河长制”工作，探索构建“船巡＋陆地车巡＋无人机空巡”的“水陆空”全方位、多维度护路体系，实现铁路沿线安全隐患动态清零，群众护路意识显著提升。

陆上筑基：织密“体系化＋精细化”防护网

“联防”强组织。依托平安虹口建设协调小组机制，结合“双段长”制，牵头组织江湾派出所、铁路北郊站派出所、铁路工务段何家湾线路、道口车间等部门成立护路联防小组，针对各类涉铁隐患矛盾，建立“定期例会、应急处置、联勤联查”机制，保障辖区铁路运输和治安形势的持续平稳可控。

“人防”固基础。在区护路办的指导下，街道成立由铁路北郊站派出所、综治社保队、10个沿线居委平安志愿者等为主要成员的铁路护路巡宣队，协助街道护路办和铁路相关部门开展各项巡查和宣传工作，累计开展各类铁路护路“五进”宣传活动120余场，发放宣传资料6万余份，为维护辖区铁路沿线环境安全，增强沿线居民爱路护路意识做出了积极贡献。

“物防”补短板。为有效遏制辖区南何支线三门路道口周边翻越围栏、沿线种菜摘菜的高发频发态势，解决道口两侧居民出行就医难题，街道积极与区护路办、区人大、区建管委、上海工务段沟通协调。2024年，在市区人大代表、政协委员及铁路相关部门的大力支持下，区建管委在三门路道口建造铁路钢便桥及近铁虹馨园沿铁路漫步道。为进一步强化钢便桥及漫步道周边安全防护，在2处易翻越点建设实体墙、防撞杆、防护宣传栏等设施，确保物理防护“无盲区”。

“技防”提效能。遵循“应用为要、管用为王”的原则，2022年，在铁路南何支线、北杨线沿线8处重点部位，安装无线高清摄像头，通过与智能软件联动，实现对相关区域的实时监控报警、远程喊话驱离，及时发现问题，对接需求、研判形势、预防风险，实现辖区铁路沿线安全监管全时段、全覆盖、无死角，累计妥善处置违规进入线路、翻越护栏、破坏围栏等涉铁违规事件共计20余起。

水上共治：构建“河道＋铁路”联合防线

辖区南何支线毗邻南泗塘河，街道联合铁路工

务段、区水务部门，采取“定期巡查＋综合研判＋联合整治”模式，保障极端天气和汛期河道及沿线铁路安全。

河面巡查“防风险”。联合铁路工务段、区河长办，针对南何支线三门路道口铁路桥东侧斜塘桥水域，科学设置警示标牌与防撞护栏，定期开展船舶巡查，对河流水质、漂浮物、生活垃圾等进行及时检测和清理，有效防止因河道淤积导致的铁路运输安全事故。

河岸排查“除隐患”。采取“街道统筹、部门联动、志愿参与”模式，组织河道巡护员、护河志愿者与铁路巡宣队，对南泗塘水域开展常态化“拉网式”排查。2024 年至今，针对河道违建、渣土倾倒、岸坡塌陷等隐患，拆除沿河违规搭建 2 处，清除侵入河道树木 3 处，全方位筑牢河岸安全防线。

空中巡航：打造“无人机＋地面”联防体系

辖区铁路南何支线、北杨支线为在用运输铁路线，每日途经火车近 50 趟。沿线河道、居民小区、企业单位密集，防护网破口、沿线种菜、人员侵入线路等现象频发，严重影响线路运输安全。以往单纯依靠步巡、车巡，由于视野受限，隐蔽隐患难以被及时发现，铁路安全防护工作面临严峻挑战。

为有效破解难题，2025 年，江湾镇街道与铁路北郊站派出所签订安全协议，充分发挥无人机地形适应能力强、巡查覆盖面广、图像传输快等优势，在安全范围内对铁路沿线重点区段开展巡航摄像拍照。一旦发现安全隐患，立即联动铁路北郊站派出所、工务段展开整治，打造“人机互动、路地一体、联勤巡防”的护路联防新格局。该体系运行以来，累计发现并处置沿线种菜、人员侵入线路等隐患 4 起，切实保障了辖区铁路线路运输安全，为铁路安全运营筑起坚实防线。

铁路护路是守护经济动脉、保障人民安全的民生工程。未来，江湾镇街道将以“时时放心不下”的责任感，在机制创新、技术升级、全民参与上持续发力，继续书写铁路护路新篇章！

（上海市虹口区委政法委　罗　琳）

江苏省泰州市
“智慧赋能”绘就一路“枫”警

走进泰州市姜堰区娄庄镇，宁启铁路穿境而过，沿线村庄错落有致。在这条全长9400米的铁路线上，泰州市公安局姜堰分局娄庄派出所将新时代“枫桥经验”与基层治理深度融合，以“专业+机制+大数据”现代警务运行模式为指引，深化铁路护路联勤联动，全力构筑线路平安防线，让“矛盾不上交、平安不出事、服务不缺位”的承诺在铁路沿线生根发芽。

“轨道里面侵入倒伏的树枝看似是小事，但稍不注意很可能影响列车行车安全。”2025年4月22日上午，在娄庄镇马赛村铁路段，护路联防队对铁路沿线安全隐患开展集中排查整治，联合清理侵入轨道的枯树枝、散落碎石及塑料瓶等废弃物10余件，加固松动护网2处。在巡查过程中，护路联防队还结合近年来铁路安全事故案例，向沿线村民讲解在护网内种菜、堆放秸秆的危害，同时提醒村民在铁路沿线规范使用无人机进行农业作业，有效提升了群众爱路护路意识。据了解，宁启铁路娄庄段横跨娄庄镇辖区东阳、团结、娄东、马赛、杨李5个村庄，沿线涵洞、桥梁交错，安全管控任务繁重。近年来，该派出所在沿线5个村庄均设立铁路联防工作站，推动构建“镇、所、网格”三级联动机制，融合综治、司法、城管等力量成立护路联防队，通过打造警情联处、风险联排、治安联防的联防联控机制，切实提升安防效能。2024年3月，马赛村村民李大爷因涵洞排水问题与铁路部门产生分歧。了解情况后，护路联防队迅速启动“1+*N*”联调机制，邀请司法调解员、村干部、村民代表协商，最终达成排水渠改造方案，实现路地双赢。

铁路沿线周界具有点多、线长、环境复杂等特点，依靠传统的架设围栏、人工巡逻等方式并不能满足铁路沿线全天候、无死角、及时预警的防护需要。近年来，该派出所持续深化路地协作，通过科技赋能提升智能化防控水平，探索出了一条“科技护路+人工巡查”工作模式，实现隐患秒级响应。

2024年春运期间，铁路防入侵系统发出警报，疑似存在非法入侵铁路线路的行为。发现情况后，派出所民警第一时间调取沿线高空云台、监控，确认系野生动物侵入，随后组织护路联防队到现场巡查，当场发现铁路挡墙裂缝1处，及时消除了安全隐患，确保春运期间铁路安全畅通。

为了让铁路安全意识在村民心间发芽成长，社区民警周荣春、吴国华等人做了很多努力。针对沿线村民“扒翻种植”等顽疾，该所联合学校常态开展“小手拉大手”活动，将《中华人民共和国铁路法》和铁路安全常识带进课堂，鼓励学生化身“护路小卫士”，将学到的知识带回家，带动家庭成员共同关注铁路安全。

此外，工作中，该所还将普法宣传与矛盾预防结合，通过小院课堂、护路广播、学生手抄报比赛等形式，让爱路护路意识深入人心。“现在村民看到铁路安全隐患，都会主动找护路队，这才是真正的群防群治！”该所副所长周泽宇说道。

从“人防”到“智防”，从“单人作战”到“多元共治”，娄庄派出所将铁路联防的“责任线”织成“平安网”，为乡村振兴注入铁轨旁的“平安动能”。数据显示，该所辖区近三年涉铁安全事故实现“零发生”，群众安全感满意度达98.7%。这条坚实的安全“结界”，正见证着新时代“枫桥经验”在乡镇一线的蓬勃生命力。

（泰州市公安局姜堰分局娄庄派出所　周泽宇）

山东省威海市

以精细化智能化建设织密铁路安全网

威海地处山东半岛最东端，现有铁路干线三条：青荣城铁（66.5 公里）、莱荣高铁（103.195 公里）、桃威铁路（120.233 公里），线路总里程 289.928 公里，贯穿 7 个区市、国家级开发区（沿线镇街 40 个），是全省唯一一个“县县通高铁”的地级市。近年来，威海市始终坚持“围绕综治干护路，站在大局抓落实”，大力发扬“不偷懒、不惜力”“狠抓落实、实干创新”的优良作风，在打造平安铁路的实践中积极探索创新，走出了一条独具特色的精细化智能化护路之路，并取得了全线境内铁路沿线持续安全稳定的护路工作成效。

“脚板＋键盘”，下足基础摸排“绣花功”

威海市“依托一张网、画好一张图、搭建一平台”，创新实践“脚板＋键盘”融合互促模式，通过实化基础摸排、强化综合治理，有效破解护路工作点多、线长、面广等重点难点问题。夯实点位采集“基本功”。以“绣花”功夫采集、整合铁路沿线 2.5 公里范围内各类敏感点位信息。2025 年以来，组织护路巡查大队对辖区内 289.9 公里铁路沿线开展全面摸排，共搜集并标注基础点位信息 1599 个。其中，隧道口 49 个、限高架 201 个、作业门 53 个、涵洞 107 个、基站 50 个、变电站 12 个、摄像头 165 个、应急疏散通道 16 个、道口 67 个，铁路经过的村庄 176 个、企业 137 个、乡村大集 6 个、学校 42 个、易燃易爆点 4 个。在此基础上，集成地理信息、历史事件等数据库，按照风险等级实施“五色”管理，动态掌控烧荒点火、轻飘物、栅栏进人等隐患点，巡防方式从“大水漫灌”变为“精准巡查”，实现护路工作规范化、流程标准化、巡查智能化。构建线上线下“大协同”。威海市委政法委会同市大数据局、公安局等部门，将覆盖全市 6100 余个城乡网格的 9.5 万路“雪亮工程”视频监控探头接入护路联防网格调度平台。基于 GIS 地理信息系统将铁路沿线探头并入护路联防视频指挥调度中心，实现了对农田、桥梁、涵洞、隧道口等重点区域视频巡查。依托基础点位信息集合成护路电子地图，融合“雪亮工程”视频指挥调度平台，通过“视频监控预警＋线下快速处置”机制，实时捕捉违规行为并联动铁路公安、工务段等部门处置。2024 年以来，累计通过视频监控发现并消除安全隐患 20 起。下好隐患排查“先手棋”。将“雪亮工程”视频监控资源与护路联防隐患排查充分融合应用，实现人防、物防、技防的有机结合，为护路巡查工作提供了强有力的信息化技术支撑；组织公安、应急等部门多次开展治安突出问题集中整治行动；开展车站反恐和消防演练，着眼于发现在早、化解在小，依托各级综治中心和矛调组织，超前排查化解了一批涉铁纠纷，牢牢掌握工作主动。2024 年以来，市县两级护路组织发现并协调解决涉铁矛盾 60 余起。

“网格＋护路”，拧紧隐患整治“安全阀”

威海市护路办积极实施“网格＋护路”工作模式，将网格化服务管理作为提高护路效能的有力抓手，组织网格员定期参加铁路安全知识培训，常态化开展铁路沿线巡逻，排查、整治铁路安全隐患和涉铁矛盾，织密铁路护路网，筑牢铁路护路安全防线。扩大护路联防“朋友圈”。威海市强化护路网格管理顶层设计，坚持市域统筹，将护路联防纳入全市统一的网格化管理服务信息系统，创新性将“六治融合、一网联动”市域治理模式与护路联防工作打通，全面构建以80个综治中心、900余名综治干部、5800余个城乡网格和网格联系员及24万名专辅力量为支撑的协调联防工作体系。打好综合治理“组合拳”。建立市、县、镇三级护路联防网格化服务管理中心，并通过全市网格化治理线上指挥调度体系，实现视频巡查、隐患发现、平台指挥与网格员实地巡查、现场核实、临场处置有机结合。组织沿线网格员协同护路队员紧密配合，定时段、定路线、定网格在辖区开展护路巡查、摸清底数、建立台账、制定措施、落实责任人和整治时限。联合多部门开展日常检查督导，实现治安问题与安全隐患一体巡查、一体管控、一体整治。织密精准帮扶“暖心网”。网格管理是护路联防的基层触角，通过网格管理平台全面摸排沿线生活失意、心态失衡、行为失常、性格偏执“三失一偏”人员，建立重点人员信息库；对沿线2.5公里内的110名特殊人群，采取“一对一”“多对一”监管措施，有效跟踪动态管控，分级做好问题化解、心理纾解、困难帮扶、教育管控。通过精准管控和分类帮扶，确保重点人员的安全稳定，防止因个人问题引发涉铁矛盾纠纷。

“实干＋创新”，架设智能护路“千里眼”

威海市护路办将护路联防信息全面融入“智慧城市大脑”项目，通过BIM（建筑信息模型）管理平台构建了铁路沿线高精度三维模型，并结合智能手环物联网（IoT）、人工智能（AI）等技术，打造了一个能实时感知、动态优化、智能分析决策的数字孪生系统，实现了数据资源的共建、共治、共享，开启了智能化精准化护路的新篇章。智能化＋城市智慧大脑。城市大脑以BIM模型为基础，通过高精度3D建模技术，将铁路沿线的物理结构，如车站、轨道、桥梁、隧道、涵洞等，转化为虚拟空间内的

动态模型。模型不仅包含物理形状，还可以通过护路队员的智能手环，回传巡查过程监测的设备状态、环境参数（如温度、湿度、风速）等数据，依托物联网传感器网络传输至数字孪生平台，构建起覆盖“感知—分析—决策—响应”全链条的智能护路体系。智能化＋视频监控平台。整合铁路沿线的固定摄像头等移动终端，构建起“天地一体化”的监控网络。通过三屏联动方案，即数据统计屏、电子地图展示屏、视频监控屏，集中呈现关键区域的实时画面、地理信息与隐患统计，支持多画面分屏查看，大大提升了巡查效率和响应速度。护路队员还可以通过AR/VR设备，在3D数字孪生场景中“身临其境”地查看铁路运行状态、周边环境信息，帮助护路队员便捷高效地掌握全局信息。智能化＋数据分析决策。铁路护路联防信息与“城市智慧大脑”平台的融合，标志着护路联防从“单点智能”迈向“全局协同”。例如，城市环境监测信息可同步至铁路运输系统，帮助优化铁路运输调度；车站的客流数据则可以同步至城市交通运输系统，帮助优化出租车、网约车运行。而数字孪生系统结合AI学习算法，也可以对隐患历史数据和实时环境数据进行深度分析，实现智能预测——风险预测、应急模拟。通过构建隐患预测模型，实现对风险等级的动态评估，护路工作从传统的“被动响应”模式转变为“主动防御”模式，为铁路安全运营提供了强有力的智能化保障。

（元瑞泉　王婷婷　邢二胜）

环境治理 | 靓丽风景

爱路护路
宣传日
526
知路 · 爱路 · 护路
铁路护路联防安全稳定办公室 宣

上海市虹口区场中路铁路道口
从“顽疾荒地”到“安全地标”的蝶变

2025 年 5 月 8 日，上海市虹口区场中路铁路道口车流川流不息。道口一侧的铁路主题彩虹公园内，居民们三三两两或对坐闲聊，或沿绿色步道信步而行。不远处，“铁路安全教育基地”的铜牌在阳光下格外醒目，这座目前上海市首个地方与铁路共建的铁路公园，正以独特的“铁路 +”模式，成为周边居民了解铁路文化、增强安全意识的趣味空间。

场中路铁路道口地处上海市闹市区，场中路、凉城路交织汇聚，南何线、北杨线两条铁路线路在此并行斜穿，交通往来繁忙。2023 年初，彼时的场中路铁路道口附近区域还是一片杂乱无章的荒地，严重影响着铁路沿线的安全和美观。为彻底解决该处道口附近的“顽病痼疾”，上海局集团公司上海工务段充分利用“双段长”制，主动与地方多部门取得联系，进行了多次沟通协调。“我们与地方居委会、街道等部门先后到现场踏勘了 2 次，召开协调会 5 次，最终敲定了综合整治的方案，啃下了这块‘硬骨头’。”该段保卫武装科主管工程师童睿昕说。

2023 年 5 月，场中路铁路道口沿线环境集中整治工程启动。上海工务段组织 500 余人次开展专项作业，清运积存生活垃圾、治理违规种植，并实施排水系统改造和防护网片修缮。与此同时，地方街道同步推进绿化景观提升工程，种植乔灌木及草坪，加装 LED 互动设施，形成路地协同、一体推进的整治格局。

经过一年建设，2024 年 5 月，占地约 1000 平方米的铁路彩虹公园正式亮相。在当年“5·26 我爱路”爱路护路宣传日来临之际，上海工务段与虹口区江湾镇街道相关负责人共同为“铁路安全教育基地”揭牌，长三角地区新增一处铁路安全宣传“新地标”。

这座上海市首个路地共建铁路公园整体装修色调为活泼、跳跃的彩虹色，融入了铁路火车模型座椅、铁路安全知识宣传展板、上海工务段原创铁路安全宣传漫画等“铁”元素，不仅给周围居民提供了一个放松、休闲的好去处，还在潜移默化中提高了居民的爱路护路意识。“在公园内漫步，还能欣赏到我们上海工务段自行创作的铁路安全漫画 20 余幅，铁

路安全知识不知不觉就‘钻进脑子’了。”该段保卫武装科科长凌文举说。

开园后,彩虹公园迅速成为区域“网红”打卡地。迷你高铁造型座椅、亮黄色火车车轮艺术装置、可翻转互动的铁路安全漫画牌等创意设施,吸引众多市民驻足体验,《新民晚报》、《劳动报》及《人民铁道》报等媒体相继报道。

这种路地深度融合的环境治理模式在上海工务段管内持续推广。2023 年 11 月底,位于张家港国泰北路的沪宁沿江高铁桥下,铁路主题公园“流光花园”正式竣工。富含高铁元素的墙绘、充满现代气息的休憩亭廊、错落有致的生态绿化……走进全长约 1.2 公里的“流光花园”,时光月台、高铁驿站、健身步道、休憩亭廊等设施一应俱全,上海工务段原创的铁路沿线环境安全漫画也被做成了绸缎式的宣传牌进行展示,吸引了不少前来休闲的市民。“之前这里长着杂草,还有一些建筑垃圾,大家都不愿意靠近。”附近的保安孙师傅说:“现在不一样了,每天傍晚、周末的时候都是过来散步、遛娃的居民,成为附近热门的城市街角公园。”崭新的铁路主题公园充满了生机与活力,为城市交通增添了一道靓丽的风景线。

2025 年初,铁路彩虹公园启动二期工程,建设范围北至虹湾路、南接凉城路,总面积超 1 万平方米,新建 800 米绿色步道实现铁路沿线南北贯通。2025 年 3 月,项目进入文化提升阶段,路地双方规划建设铁路护路主题馆、文化墙展板、安全标语景观等七大板块 11 处共建项目,上海工务段提供铁路实物展品 4 件、原创海报 4 幅及特色铁路元素 6 个,着力打造更具专业性的铁路安全教育示范基地。二期工程于“5·26 我爱路”宣传日正式开放,首场面向居民的铁路安全知识宣讲会也同期举办。

近年来,上海工务段与属地有关部门、单位加强联劳协作,充分发挥“双段长”制优势,深入推进铁路沿线安全环境治理,将安全治理的“硬要求”转化为环境蝶变的“软实力”,让冰冷的钢轨与城市脉搏同频共振。2020 年至今,该段累计消除涉及地界内侵占问题 234 处、面积约 33.6 万平方米,组织开展铁路安全宣传教育活动 1480 场次,排查整治铁路沿线安全环境隐患问题 1868 件,取得良好整治效果。铁路彩虹公园、“流光花园”等项目成为路地协同治理的典范,实现了从“运输线”到“风景线”的华丽转身。

变铁路沿线“边角空间”为城市“金边银角”,是新时代铁路部门践行“人民城市”理念的生动实践。随着治理成效持续显现,一条条铁路线正成为展示城市魅力、传递人文温度的流动风景线,书写着交通强国建设与城市品质提升同频共振的新篇章。

(上海局集团公司上海工务段　汪　寒　童睿昕)

贵州省黔南州

全力打造贵南高铁安畅绿美风景线

2023 年 8 月 31 日，贵州省黔南人民翘首以盼的贵阳至南宁高速铁路正式开通运营，黔南布依族苗族自治州（以下简称黔南州）迎来了第三条高速铁路。通车运营一年多来，黔南州各级护路联防组织以“平安铁路”建设为主线，理顺工作机制，强化基层基础，落实工作措施，初步形成了“一盘棋”布局、“一张网”运行、“一体化”运作的贵南高铁护路联防联控总体格局，确保了各项工作落到实处、取得实效，实现了高铁运行零警情、零投诉、零事故，全力保障了贵南高铁在黔南境内安全畅通和沿线社会和谐稳定，打造了贵南高铁沿线“安、畅、绿、美”的风景线。

提前谋划，“一盘棋”布局夯实护路基础。贵南高铁被誉为“穿越喀斯特的高铁”，途经黔南段的龙里、贵定、都匀、独山、荔波，沿线山高谷深，横跨多条河流，点多、线长、面广是黔南州铁路护路联防工作面临的实际问题。

黔南州党委政府高度重视贵南高铁护路联防工作，在贵南高铁建成通车前，就对护路联防工作进行了专项部署，并将此项工作纳入平安黔南建设的总体规划，同部署、同安排、同落实、同考核。一是坚持早部署、早规划。州委政法委分管领导第一时间与省护路办和各县（市）沟通协调，多次深入贵南高铁沿线开展调研，并组织沿线的县（市）相关单位召开贵南高铁护路联防工作专题会议，对重点工作进行安排部署，对重点问题进行分析研判，及时解决了一系列重点、难点问题；积极配合铁路、铁建办等部门共同协调处置建设过程中产生

的矛盾问题，全力保障贵南高铁黔南区域内的近200公里路段按期通车运营。二是按照省护路办相关工作要求，黔南州委政法委通过完善高速铁路护路联防工作机制和工作措施，统筹协调好铁路和州内各级各部门，优化配强整治人员队伍，构建贵南高铁立体化治安防控体系。针对沿线大牲畜、易肇事肇祸等群体，通过细化台账管理对重点对象做到精细化管控；对排查的安全隐患和涉路矛盾纠纷等问题实行“周调度”“月通报”，确保底数清、情况明、管得住、不出事。三是按照《贵州省铁路护路联防承包管理办法》并结合实际通过配置配全护路队员，完善州、县（市）两级的护路机构，以落实承包责任书明确的任务为核心，州县村三级层层签订承包责任书，将责任具体到乡（镇）、到村（社区）、到岗、到人，确保责任层层绷紧、工作层层压实，形成上下齐抓铁路护路联防工作的工作体制。尤其是荔波县，由于是当地第一条铁路，荔波县委县政府高度重视，多次召开护路联防工作会议，专项听取护路联防工作汇报，研究解决工作中出现的困难和问题，除成立县级铁路组织外，还在铁路沿线的朝阳镇、小七孔镇、甲良镇、瑶山镇等基层建立了护路组织。

多措并举，“一张网”运行筑牢铁路安全。黔南州委政法委统筹协调各级成员单位充分发挥职能作用，推进贵南高铁沿线环境隐患问题排查整治，积极打造《贵南高铁线路警务团队共建机制》，对发现的隐患问题及时联合相关部门进行查处整治，做到常抓不懈、动态处置。在专项整治行动、爱路护路宣传教育活动中，公安、交通、教育等部门履职尽责、协调配合、齐抓共管，推动贵南高铁护路工作深入开展。

黔南州两级铁路护路组织通过强化部门联动，建立涉铁安全隐患排解高效化机制。按照“县包段、镇包片、村及护路队员协作包户”的原则，逐校、逐户、逐人明确包保责任单位及责任人，分解包保任务、严格包保措施、压实包保责任，并按照“专群结合”原则，依托“一中心一张网十联户”基层治理机制，将贵南高铁黔南区域内护路责任网格化，加强属地网格员与护路员联动，形成“网格长帮忙管、网格员（联户长）帮忙防、群众帮忙护”的良好局面。相关部门还与村（社区）网格员、党员志愿者等组建了“铁路义务护路队”，进一步织牢护路联防网络，形成了齐抓共管的良好局面。截至2024年底，黔南州共开展沿线安全隐患排查300余次，及时处置各类安全隐患20余处，化解涉铁矛盾纠纷60余件。

针对两省交界产生的问题，荔波县积极与广西壮族自治区河池市河池车站派出所等路地有关部门跨省联动协作，联合成立荔波高铁站综合协调工作组，全力打造警务团队工作机制“五个一”（即：打造一张图、强化一管控、做精一通联、明确一例会、推动一表彰），全面优化人防、物防、技防配备，为黔南州跨省联动处置贵南高铁沿线各类治安隐患问题提供了高效、迅速的工作途径，有力保障了贵南高铁运营安全畅通。2023年以来，荔波高铁站综合

协调工作组共联合巡排查100余次，化解各类涉铁矛盾纠纷28起。

黔南州护路组织聚焦贵南高铁重点路段、重点部位，“借力发力”通过整合贵南高铁沿线“雪亮工程”视频监控资源，将铁路沿线视频监控资源接入铁路站段生产指挥中心，对部分沿线的山体、河流、铁轨等重点路段穿行铁路的情况实现24小时监控，做到路地联动，共同防控，随时掌握铁路沿线治安动态，建设贵南高铁沿线全覆盖的公共安全视频监控网，为铁路运输安全提供有力支撑。

全民共护，“一体化”运作共创平安铁路。近年来，黔南州各级护路组织始终把爱路护路宣传教育作为一项基础性、常态化的工作来抓，坚持日常宣传与集中宣传相结合，综合运用“线上＋线下”方式，深入开展铁路法律法规宣传教育活动，不断增强护路宣传教育的引导力、影响力。

黔南州各级护路办聚焦铁路沿线居民、中小学生等群体，通过“村村响”广播、微信群等途径，宣传铁路法律法规，在沿线各村村民微信群、学校班级群转发爱路护路公开信、铁路安全管理告知书等，按照“四个精准”的宣传工作要求开展“五进”宣传工作。所涉县市联合教育局、铁路派出所和志愿者等组成宣教工作队，利用全省“5·26我爱路”活动，乡镇集会，中小学校开学、放假等时段，面对面普及爱路护路内容，传播铁路安全知识，倡导群众爱护铁路、安全出行，自觉遵守铁路安全法律法规，营造全民护路、全民共创平安铁路的浓厚氛围。此外，针对贵南高铁沿线焚火烧荒、随意放牧等问题，贵南高铁沿线各县（市）护路组织依靠村规民约、“坝坝会”等途径，与沿线各村养殖户签订协议书，向沿线耕种户发放公开信、告知书，点对点开展精准宣传，做到防患于未然。2023年以来黔南州共开展各类爱路护路宣传活动100余次，取得了良好的宣教效果。

“贵南高铁是我们的幸福路，这么多年来荔波终于通火车了，现在去哪里都方便。”荔波县朝阳镇朝阳村村民覃利猛感触最深的是，从荔波到南宁坐高铁最快只需要一个半小时，到贵阳也只需要50多分钟，美好出行说走就走，“坐着高铁游黔南”成为时下美好生活的真实写照。“以前从贵阳来大小七孔景区开车需要4小时，贵南高铁通车后，现在从登上动车到景区一个多小时就到了。”一名贵阳的游客感慨道。在蓝天白云的映照下，贵南高铁飞驰在广袤的田野间，如同一条彩虹穿越天地间，将远方的山川、城市和梦想紧密相连，车窗外的风景仿佛一幅流动的画卷在眼前展开。贵南高铁开通运营以来，极大地推动了黔南地区的旅游经济发展。以荔波县为例，被誉为“地球腰带上的绿宝石”，其荔波站从最初的20余趟列车增加到最高70余趟，日均发送旅客最高达1.5万人次，累计发送旅客121万余人次，到达旅客126万余人次，带来旅游综合收入232.9亿元。

贵南高铁每一次安全运行的背后，都离不开黔南护路人的辛勤付出。道阻且长，行则将至。黔南州委政法委相关负责人表示，我们将进一步完善铁路护路联防机制，继续探索研究新时代加强护路联防治理新理念、新知识、新方法和新技能，着力在强体系、治未病、抓科技、建队伍上下功夫，全力构建铁路护路立体化、沿线防控现代化体系，为铁路运营安全畅通保驾护航。

（贵州省黔南州护路办　于海蒙）

江西省新余市

推动铁路沿线环境不断升级

初夏的晨光中，一列白色动车组从青灰色山峦间疾驰而过。乘客倚窗远眺，突然发现记忆中城市铁路线边堆满杂物的铁道边坡已被成片绿树取代，蓝白相间的隔离栅栏外，错落的民居墙面绘着山水长卷。

这场让市民惊叹的蜕变，始于2020年新余市启动铁路沿线治安环境整治专项行动。新余市有沪昆普速、沪昆高速、浩吉铁路和上新、洋坊、分文6条干（支）线，然而随着城市扩张，沿线逐渐滋生出乱搭乱建、垃圾堆积、违规耕种、非法抢道等问题，既威胁铁路运行安全，更成为城市形象的“灰色腰带”。江西省新余市通过“整、防、守”多管齐下，全面提升了辖区铁路沿线的治安环境面貌，进一步优化了村（居）民的生活宜居水平。如今，境内沿线实现蜕变，成为了“安全、畅通、绿色、美丽”的靓丽风景线，也成为展示城市形象的崭新窗口。

综合整治：从“脏乱差”到“靓丽风景线”的华丽转身

“以前在铁路沿线种菜、乱搭乱建，不仅存在安全隐患，还破坏了周边环境。现在道路变得宽敞好走了，周围的景色也更加美丽，生活环境真是越来越好了。”新余市渝水区老屋场管理处居民张阿姨深有感触地说。

在新余市渝水区城北街道办老屋场管理处老汪里村，有一处长约700米的空地，紧靠辖区沪昆与洋坊并行线路。原在此临时搭建的燕子山菜场存在随意搭建塑料棚问题，每天垃圾满地、臭气熏天……为此，新余市护路办联合渝水区护路办、城北街道办事处、老屋场管理处、农贸市场管理员和铁路车间协商整治。经过不断跟进督促燕子山菜场改造施工进度，在改造完成后及时组织搬迁，如今这块地

已由投控部门改造成安全标准化的停车场，干净整洁。且东侧原废弃房则改造为长林南菜市场，规范卫生，外围种植的菜地全部清理并进行培绿种树，解决了居民的烦心事。

新余市始终秉持“突出重点、因地制宜、标本兼治”的原则，以拆违治乱为重要突破口，高标准推进城区铁路沿线环境整治工作。通过组织开展“百日攻坚”“垃圾歼灭”“亮化提升”等一系列专项行动，彻底解决了长期以来铁路沿线环境卫生“脏、乱、差”的难题。

全面排查，精准制定整治策略。对城区铁路沿线500米范围内的环境问题展开全面细致的摸排工作，详细梳理并建立问题清单，按行政区域和职能划分责任单位，联合交通、住建等部门及沿线乡镇，制定“一地一策”的针对性整治方案。重点清理建筑垃圾、生活垃圾、水面漂浮物以及院内杂物等，同时对道路两侧的隔离带、绿化带进行彻底整治。

重拳出击拆违，还绿于民。在原渝水区城北街道老屋场管理处老汪里菜市场附近铁路沿线，进行集中铲除菜地、拔除杂草，并动用挖掘机挖掘、平整土地。之前杂乱无章的菜地变得宽敞平整，居民纷纷表示环境好了，住得很舒心。累计拆除违章木棚38处，清理违规菜地长达6.5公里，清除陈年垃圾675吨。在整治过程中，采用机械化作业清理枯树杂草，确保整治工作不留死角。累计投入资金500余万元，排查整治治安环境问题250余处。

建立长效管理机制，防止问题反弹。通过构建“街道-社区”两级联动机制，定期开展“回头看”行动，对已整治区域进行复查，确保问题不反弹，让整治成果得以持续巩固。

“三防”升级：从“简单隔离带”升级为“坚固安全屏障”

“考虑原老汪里菜市场周围人员流动大，且环境卫生不能保障，我们采用二次封闭的方式，在铁路沿线护栏网外建立围墙和护栏，增强路外安全保障，还进行了爱路护路标语设计。”新余市渝水区分管负责人介绍。

构建“物防”体系，筑牢安全底线。为了进一步巩固环境整治成果，新余市投入120余万元，对沪昆线城区铁路沿线进行绿化、硬化和防护设施改造，致力于打造一个既安全又美观的绿色长廊。在铁路护栏网外增设围墙和护栏，形成“二次封闭”防护体系，有效阻隔了行人、车辆靠近铁路，大大降低了安全风险。推进绿化美化工程，提升景观品质。通过在老屋场、富塘管理处沿线种植各类绿植、建设休闲步道和公园长廊，将曾经杂乱的菜地改造成居民休闲赏景的“绿茵园地”。老汪里村民们纷纷表示：“原来的菜地变绿地，现在家门口就有这么美的景色，闲暇时来散散步，心情都变得格外舒畅。”

搭建“技防”平台，提升智管水平。为认真贯彻落实全省智慧铁路护路工作现场会精神，积极探索“智能、共享、安全”的新余智慧护路新模式，投入市、县（区）两级财政资金共计890余万元，高标准、高要求建设“智慧护路”平台。自2023年以来，各县（区）积极配合实地勘查点位，目前，平台共建设60个前端监控点位，其中58台高空瞭望摄像机，2套“太阳能语音播报智慧杆”。同时，从新余特色“视频湖”中选取78个“雪亮工程”既有监控点位视频资源接入平台，实现铁路沿线高、低空视频监控相结合，全天候长效管控。“智慧护路”平台监控范围既实现了全市境内122公里客运线全覆盖，又突出了平交道口、交通涵洞、跨铁桥梁、人员密集区域等治安重点部位的防范。

加强“人防”力量，改善沿线治安环境。新余市自2023年开展铁路支线非法道口整治专项行动以来，各县（区）政府主动担当，召集政法、交通、属地乡镇召开非法通道整治专题会，确定非法道口专职监护人员劳务费用及值守物品等经费责任单位；各级政法、交通部门联合铁路部门召开治安形势分析会、联席会，研究上报支线非法道口聘用监护人员方案。目前，新余市未封闭铁路沿线共有51处非

法道口，已取缔7处，沿线非法道口安装语音报警装置20套，设置物防装置3处，人员监护29处，重点路段安装栅栏6.6公里。自2025年3月聘请专人看护以来，上新支线等有人看守道口治安事件“零发生”。

常态守护：从“单纯治安防范”迈向“平安风景线”建设

新余市农产品、水产品批发市场靠近辖区沪昆线，周边商家存在随意堆放杂物的现象。新余市护路办、渝水区护路办、城北街道办联合城管部门多次督促整改有所好转，且针对入口处机动车辆、电动车流动量大，积极协调市交通部门在附近铁路涵洞两侧各建设两个水泥墩，彻底解决机动车辆过往影响通行安全问题。为确保铁路沿线长治久安，新余市建立了“群防”常态化巡防机制，多举措守护铁路沿线的安全与稳定。

组建志愿巡防队伍，实现全天候守护。由铁路公安、街道办（管理处）干部、网格员、民兵和护路志愿者组成专业巡防队伍，每日对铁路沿线进行巡查。在重点时期，还会加密巡查频次，以便及时发现并处置各类问题。

开展宣传普法活动，从源头预防违规行为。在巡查过程中，积极向沿线居民宣传铁路安全法律法规，引导居民自觉遵守相关规定，增强村（居）民护路意识，从源头上减少违规行为的发生。同时，在铁路沿线设置了大量爱路护路宣传标语，通过这种潜移默化的方式，不断提升村（居）民的安全意识和文明素养。

及时化解矛盾纠纷，促进路地和谐关系。重点关注涉铁矛盾纠纷，秉持“早排查、早介入、早化解”的原则，积极处理各类矛盾。今年以来，全市共化解涉铁矛盾8件。

（习梅芳）

福建省福州市

同心聚力　共护马尾铁路安全线

在交通运输体系中，铁路扮演着至关重要的角色，其安全运行不仅关系到广大乘客的生命财产安全，也对区域经济社会发展产生深远影响。然而，在铁路沿线，一些影响安全的隐患问题却悄然滋生，如非法种植菜地、私搭乱建等，这些问题如同隐藏在铁路旁的“定时炸弹”，时刻威胁着铁路的安全运行。福州市马尾区路地双方以高度的责任感和使命感，携手开展铁路沿线安全隐患整治工作，用实际行动守护着铁路安全线。

路地协同强协作，共议良策筑平安

面对铁路沿线日益凸显的安全隐患问题，福州市马尾区路地双方高度重视，迅速行动，区护路办多次组织相关部门进行实地勘察，深入了解铁路沿线的实际情况，对铁路沿线整治地段的隐患问题进行了全面摸排和梳理，为后续的整治工作奠定了坚实的基础。

2025 年 3 月 13 日，马尾区护路办组织召开了区铁路护路联防工作专题会议，邀请了福州工务段、车务段、机务段等相关铁路部门参加，共同针对铁路周边菜地、私搭乱建等影响铁路安全的环境隐患问题会商解决方案。在会议上，铁路部门从专业角度分析了隐患问题对铁路运行安全的危害，提出了整治工作的技术要求和标准；区护路办、区应急管理局及各镇街

则结合自身的职责，探讨了如何依法依规开展整治工作，以及如何做好沿线居民的思想工作和后续的管理工作，为整治工作的高效推进提供保障。

全面整治护路安，凝心聚力保畅行

一是加强铁路基础设施建设。区政府为保证铁路行车安全通行，整治福马铁路景观带（西起马尾晋安交界处，东至君竹河），设置铁路隔离护栏网，施工全长约 6655 米，总费用约 140 万元。其中：青洲路口-君竹道口西北侧设置 1285 米、乌门里-三江口桥下铁路南侧设置 5370 米。目前已实施 5100 米，剩余 1500 米预计 6 月底完成。铁路隔离护栏网的设置，将进一步加强铁路沿线的安全防护，防止人员和动物进入铁路区域，确保铁路运行安全。

二是路地联合开展综合整治。为了确保整治工作取得实效，区护路办、区应急管理局、马尾镇人民政府、福州工务段对福马线 K420+000～K429+300（共计 9.3 公里）进行沿线环境隐患问题综合整治。对于铁路沿线的违规搭建，马尾区采取了依法拆除的措施。在拆除过程中，执法人员严格按照法定程序进行操作，确保了拆除工作的合法性和公正性。通过依法拆除违规搭建，铁路沿线的环境得到了有效改善，安全隐患得到了及时消除。同时，马尾区还对铁路沿线的暴露垃圾进行了全面清理。并对坑洼路面进行了平整，对临铁围墙和房屋立面进行了规整和美化。通过这些措施，铁路沿线的环境面貌焕然一新，不仅提升了铁路沿线的美观度，也为铁路运行创造了良好的环境条件。

“五进”拓展强宣传，安全知识入人心

一是在整治过程中，面对违规私垦种菜的居民，执法人员始终坚持文明执法、柔性执法的原则，耐心地向他们宣传法律法规和铁路安全的重要性。执法人员深入到居民家中，与他们面对面交流，了解他们的实际困难和需求，引导他们前往规定区域进行种植。通过耐心细致的劝导工作，许多居民认

识到了自己的错误行为，主动配合整治工作，自行清理了自家的菜地。二是针对铁路沿线居民法律意识淡薄的问题，区护路办通过在铁路沿线张贴宣传海报、发放宣传资料、举办专题讲座等方式，向居民普及《福建省铁路安全管理条例》等相关法律法规，让居民深刻认识到非法种植和私搭乱建的危害性，以及违反法律法规需要承担的法律责任。宣传中，共发放宣传单 5000 余张，宣传品 5000 余份，受教育群众 5000 余人，有效增强了辖区群众的知路、爱路、护路意识，自觉遵守铁路安全规定的氛围日益浓厚。三是区护路办深入开展入校宣传。在辖区内阳光学院、第二十四中学、福州市马尾第二实验小学、进附小学、福州快安学校等 5 所中小学开展“爱路护路开学第一课”活动。该活动共覆盖学生 800 余人，向学生宣传《福建省铁路安全管理条例》，强调在铁路沿线玩耍、穿越铁轨、破坏铁路设施等行为的严重危害，引导同学们自觉遵守铁路安全法规，爱护铁路设施设备。

（福州市马尾区护路办　张　拯　何　虹）

宁夏回族自治区银川市永宁县

吹响铁路安全环境整治的号角

为全力营造安全、整洁、稳定的铁路运输环境，银川市永宁县坚决落实属地管理责任，高位部署、精心安排、迅速行动，采取多措并举的方式，深入推进铁路安全环境整治提升行动，整治成效显著。

高效部署
吹响铁路安全环境整治“动员号”

永宁县委政法委以保障铁路运输安全通畅为目标，以净化沿线安全环境为抓手，严格落实维护铁路安全稳定责任制，充分发挥牵头抓总、统筹协调、督办落实的作用，组织各乡镇（街道）、县交通运输局、公安局、住建局、农业农村局等部门及铁路车站派出所等“五位一体”成员单位召开铁路护路联防安全稳定工作会议 2 次，进一步安排部署开展铁路沿线安全隐患专项治理行动。印发实施方案，细化工作措施，落实工作任务，明确责任单位、整治目标等，强化督导检查，持续压实属地责任和行业监管责任，努力形成一级抓一级，逐级压实责任的工作格局。及时印发安全风险提示函 3 份，落实整改措施，明确整改期限，实行“销号管理”，发现问题一处、移交一处、销号一处，并不定期开展“回头看”，防止已整改的问题反弹、未整改问题拖延、新发现问题遗漏，全力巩固整治成果，确保问题整改“见底清零”。

精准发力
唱响铁路安全环境整治“冲锋号”

准确把握季节性沿线治安规律特点，紧盯风大物燥异物挂网、沿线焚火烧荒、违法施工等影响铁路行车安全隐患，加强清明节重点区域祭奠扫墓火源管理，坚决遏制影响铁路沿线安全环境的源头性、根本性、倾向性问题。整合护路联防“五位一体”成员单位的资源和力量，严格落实“双段长 + 网格化”管理模式和住建局、农业农村局、自然资源局等部门专项巡查机制，加大执法力度，督促沿线各企业、乡镇加大沿线防尘网、农膜等轻飘物挂网，强化偷倒垃圾、焚火烧荒等隐患整治力度。望远镇

突出高铁沿线环境综合整治，镇综合执法办、农业综合服务中心、村（社区）干部组成巡查小组，对铁路两侧沿线500米范围内开展“横向到边、纵向到底”的全域排查，建立“清单化”整改台账，现场剖析反馈问题，制定整治措施，对破损的大棚薄膜等，提醒棚主及时修补或者更换，严厉打击沿线偷倒垃圾的行为，整改高铁沿线隐患问题16处，成效显著。

督导检查
打响铁路安全环境整治“奋进号”

建立县乡村三级督办机制，落实现场联合检查制度，强化跟踪问效，实地查看铁路沿线设施维护、沿线两侧安全隐患整治及日常巡护等工作情况，督促乡村护路承包员进一步加大巡守力度、加密巡查频次和宣传教育，确保日常排查工作落实到位。针对现场督导检查发现的包兰线园艺村2处生活垃圾站点问题，县护路办协调铁路供电部门、闽宁镇园艺村新建一处离铁路较远的垃圾存放点，路地协同整治沿线轻飘物挂网安全隐患。同时，督促指导各乡镇进一步加强铁路沿线守护力量，联合各村治保委开展铁路安全巡查，累计出动排查整治人员200余人次，共同清理沿线白色垃圾、建筑垃圾、农膜、废旧遮阳网等30余处，持续改善铁路沿线安全环境。

宣传引导
奏响铁路安全环境整治“集结号”

紧紧抓住“4·15全民国家安全教育日”“世界水日”等契机，以有奖问答、发放铁路安全宣传品、面对面普及铁路安全法律法规知识等方式，积极开展爱路护路进企业、进家庭、进集市宣传教育活动。同时，坚持“日常巡查必宣传，重要时段必宣传”的原则，引导群众增强爱路护路意识，推动爱路护路宣传教育工作走深走实。通过铁路护路联防工作群、永宁政法综治公众号平台，每日坚持发送一条铁路法律法规及警示案例，开展每日学法活动，并发动各乡镇、企业进行转发，加大宣传力度，引导沿线居民从“旁观者”转变为“守护者”，形成“全民参与、共治共享”的良好格局，积极营造维护铁路安全的浓厚氛围。

（银川市永宁县护路办　张学花）

昆明局集团公司

全力推动铁路沿线环境安全风险管控

昆明局集团公司持续督促基层单位落实管控责任，积极协调推动地方部门齐抓共保，聚焦铁路沿线环境重点风险管控和难点问题整治，着力抓好铁路沿线安全环境治理工作。

明责落责，强化铁路沿线环境安全风险管控

一是健全制度体系，压实防控责任。督导各相关部门单位建立完善各层级沿线环境安全管理办法，重新修订集团公司安全考核实施办法，从外伤事故到轻飘物上线明确各类沿线环境安全信息的考核标准，实施件件分析考核，追究防范不力责任，不断压紧压实工务、供电、运输、建设等相关单位沿线环境管控责任，形成“有奖就有责”鲜明考核导向。2024 年全年预警通报 5 次，交班分析 11 次，累计考核 94.69 万元。二是完善联控机制，抓好外伤管控。持续建立完善“一查一令三防双控”机制，每月组织设备管理单位结合铁路沿线季节变化、生产生活、民俗活动等动态排查研判外伤高发风险点，调度所纳入调度命令发布，同步推送地方护路部门采取联防联控措施，落实“车站值班员联控提醒，机车乘务员重点防控，工务巡防人员现场防控”的三防措施，形成铁路部门、护路部门双方联控机制。2024 年动态研判 1140 处外伤高发地段，发布调度命令 12 次，明确巡防人员发现险情主动拦停列车不考核的导向，督促路地双方主动防提前控，有效管控外伤事故。年内发生外伤事故 7 件，同比下降 30%，死亡 3 人，同比下降 50%。三是建立奖惩措施，营造共保氛围。按照正反激励的原则，针对突出沿线环境安全信息，组织对相关政府部门及企业开展预警约谈 6 次，发函地方政府 34 次；运用优秀“双段长”评先、隐患整治表彰、护路宣传先进表彰等机制，有力激发路地双方共保铁路环境安全的内动力。2024 年评选各级地方政府部门及铁路单位先进集体 37 个，先进个人 114

人，奖励路外有功人员27人，奖励金额3.8万元。

主动作为，推动协调机制持续发力

一是推动建立协调机制。加强与云南省人民检察院、交通运输厅的沟通对接，进一步深化“双段长＋双检察长”工作机制，推动公布建立云南省铁路沿线安全环境管理“双段长＋双检察长”协作机制，形成地方政府、路地检察机关、铁路运输企业合力整治新局面。二是联合开展专项整治。联合云南省人民检察院下发工作方案、专题召开视频会议动员部署，深入开展“检铁同行　共护平安”公益诉讼检察专项行动，联合铁检、地方检察人员对违建违占、违规堆放等沿线环境整治进行督导整治。针对管内大风天气轻（硬）飘物易上道，联合地方政府各级相关部门开展常态化隐患排查治理，路地联合开展排查551次，整治轻（硬）飘物隐患7656处、清理轻飘物16138千克。三是推动实施公益诉讼。向检察机关移交13个重难点沿线环境隐患问题作为案件线索，持续运用检铁联合现场督导、下发检察意见书、实施公益诉讼等方式推动隐患问题治理，联合检查56次，下发检察建议书33份，强力推动13个问题得到全部完成整治。特别针对中老铁路K68+170线左侧玉溪市陆家屯飞来寺3株古树（省二级、三级重点保护树木）危及行车安全隐患，协调推动检察院委托专业机构检测、专家评估论证，出具保护建议方案并采取修枝加固处理，形成保护铁路安全和古树名木的“双益”公益诉讼典型案例。

各方联动，攻坚整治重点隐患问题

一是持续开展隐患整治。持续开展铁路沿线两侧500米范围内的环境隐患排查整治，共计排查发现铁路沿线环境隐患问题1105个，形成“问题清单”报省部门联席会议办公室发文开展整治。治理过程中，5次协调成都铁路监督管理局、云南省交通运输厅、省人民检察院和贵州省交通运输厅组成推进

检查组，分别对昆明市、曲靖市、玉溪市、楚雄州、红河州、黔西南州、六盘水市境内铁路安全环境隐患整治情况进行督导检查，有力推动隐患治理。截至2024年12月31日，已经全部销号。二是协同整治重点隐患。针对滇藏线丽香段K67+940（海巴洛大桥上游）香丽高速弃土场和河岸堤坝存在的重大安全风险隐患，协同成都铁路监督管理局、云南省交通运输厅、迪庆州相关地方政府现场调研4次，专题会议研究制定整治措施，经路地双方的共同治理，该隐患已得到整治消除。针对昆河线K268+280非法通道安全隐患，协调云南省交通运输厅组织铁路检察、红河州交通运输局、开远市政府等有关单位，召开3次现场会和4次专题推进会，明确整治措施及方案，该非法通道已由地方出资建成看守道口，彻底消除了安全隐患。三是补强防护设备设施。结合安全信息分析和日常监督中发现的问题，及时做好高危地段防护栅栏补强和非封闭线路绊牛桩、弹簧门安设工作。将沪昆线闲杂人员频繁入网问题纳入挂牌督办，牵头组织开展专项整治，完成沪昆线防护栅栏补强143.2千米，南昆、盘西、威红、水红、广大线重点区段增设防护栅栏封闭补强12千米，封闭非法人行过道79处，封堵7个非法通道，从源头消除安全隐患。

（昆明局集团公司　周　文）

安徽省芜湖市

合力推进桥下空间保护性开发利用

作为商合杭铁路的重要枢纽，芜湖长江三桥不仅承载着高铁与公路的交通动脉，其桥下空间的活化更成为铁路与城市共生发展的创新实践。面对长达 1.8 公里的桥下闲置地带，芜湖工务段以“安全优先、功能赋能、生态融合”为原则，主动突破传统铁路设施管理的边界，将冰冷的混凝土立柱与城市民生需求相联结。在与芜湖市政府的深度协作中，铁路部门通过科学规划桥墩间距、优化结构荷载评估，确保桥下空间改造与铁路运营安全“双轨并行”。

芜湖长江三桥合杭高铁的“硬核实力”

巍然屹立于长江之上的芜湖长江三桥，是一座集高速铁路、城市轨道交通、城市主干道路于一体的公铁合建桥梁。自 2015 年启动建设至 2020 年全线贯通，这座全长约 5.4 公里的超级工程以“三合一”模式突破传统桥梁功能，将飞驰时速 350 公里的高铁、轨道交通的便捷通勤与城市交通的动脉功能融为一体。

大桥的落成彻底改写了芜湖的城市格局，北上合肥缩短至 1 小时，南下杭州仅需 2.5 小时，长江两岸通勤效率提升 40%，日均过江车流量突破 10 万辆次。这不仅缓解了老长江大桥的拥堵顽疾，更让芜湖从“沿江节点”跃升为“长江三角十字路口”，加速了人才与技术的跨区域流动。据统计，大桥通车后三年内，芜湖引入长三角企业投资额同比增长 28%，高铁站点周边土地价值同比提升逾 50%，生动诠释了交通建设对城市快速发展的强力撬动。

长江三桥桥下空间“路地合作”的创新实践

谁能想到，这片充满欢笑的运动场，两年前还是垃圾遍地的“城市疮疤”。站在蓝红相间的健身跑道上，公园负责人感慨万千。过去合杭高铁桥下 15.5 万平方米空间因管理权责不清，长期存在偷倒建筑垃圾、违规停车、私垦菜地等乱象且屡禁不止，仅 2023 年就清理各类隐患点 132 处。面对这一难题，芜湖市政府与上海局集团公司创造性推出“土地 + 资金”合作模式，上海局集团公司无偿提供桥下空间使用权，地方政府投资 9000 余万元，委托南京地铁公司代建，江苏雷威公司负责施工，并由芜湖工务段全程监督安全，开创了铁路资产与城市公共服务深度融合的新路径。这一模式成功破解了以下三大痛点。

权责分明：铁路方专注安全管控，地方主导功能开发，双方通过“双段长”机制实现无缝衔接。

成本优化：避免重复建设，节省土地征收费用超 2 亿元。

长效运维：公园收益反哺铁路安全维护，形成可持续发展闭环。国家发展和改革委员会将其列为“盘活存量基础设施资源”典型案例，为全国高铁桥下空间治理提供了“芜湖方案”。

全龄友好，15 分钟健身圈的“活力密码”

漫步公园，设计者的巧思随处可见：

功能分区科学化：东侧布局足球、篮球等竞技场馆，西侧设置门球、广场舞区，中部打造儿童乐园与智慧健身区，满足 3～80 岁全年龄需求。

铁路元素艺术化：以枕木造型打造休憩长椅，用铁轨剖面装饰文化墙，退役机车部件变身雕塑群，让工业遗产“讲好铁路故事”。

生态景观立体化：桥墩垂直绿化覆盖超 90%，耐阴植物与透水铺装构成“海绵公园”，年均可吸收二氧化碳 120 吨。

安全至上，守护“头顶上的列车”

在公园欢腾的景象背后，一套精密的安全防护体系悄然运转。

物理隔离：所有球场顶部加装 6 米高防侵入网，铁路桥面两侧设置双侧挡砟网，可抵御 10 级强风。

智能监控：46 处 AI 摄像头实时识别抛物、攀爬等风险行为，联动广播系统即时预警。

时空管控：每日 21:00 至次日 6:00 闭园，错开高铁“天窗期”检修时段。

科普教育：20 块互动式安全标识牌随处可见，让市民在游戏中掌握“禁放风筝”“勿飞无人机”等安全常识。

从高铁飞驰的“钢铁巨龙”到人气爆棚的“活力公园”，芜湖用创新与智慧写下“桥下空间重生记”。这里轰鸣的列车与运动的呐喊交响共鸣，冰冷的混凝土与温润的绿意相映成趣，见证着一座城市对美好生活的执着追求。随着长三角更高质量一体化的推进，更多这样的“空间魔术”必将绽放于长江两岸，为新时代中国城市发展提供更多鲜活注脚。

（芜湖工务段　汪　贺）

山东省济南市章丘区

开展沿线环境治理　打造安畅绿美画卷

近年来，山东省济南市章丘区扛牢使命担当，按照“铁路更安全、环境更美丽、人民更满意”工作原则，发挥聚合力、强治理、激活力的综合效应，稳扎稳打开展铁路沿线安全环境治理工作，建设了人文自然风光与铁路文化一体的生态开放式明水小站公园，绘就铁路与沿线人居环境、自然山水、城乡风情和谐共融的新画面。

聚合力，吹响铁路安全“集结号”

为确保高速铁路沿线安全环境，章丘区按照党委领导、政府主导、政法护路部门组织协调、交通运输部门牵头主抓，路地有关部门各司其职、各负其责、齐抓共管的原则，建立了全区铁路沿线环境综合治理工作机制，严格落实路地“双段长”工作机制和社区网格员巡查机制，定期与济南局集团公司相关站段沟通研判，构建了路地协同、各负其责、密切配合、多方共治的铁路沿线环境综合治理工作格局。2021 年以来，共投入人员 22600 余人次，资金 1600 余万元，排查整治隐患问题近百处，全面高效地保障了铁路运行安全。

强治理，让铁路与“美”同行

铁路沿线是一座城市的“窗口”，沿途风貌更是展示城市形象的“名片”。章丘区因地制宜，把铁路沿线综合治理与城市更新、老旧建筑改造、乡村振兴等工作相结合，拆除铁路沿线违章建筑，及时进行绿化美化，绘就124公里铁路沿线处处皆风景的美好画面。建设了集车站博物馆、带状公园、人文内涵为一体的明水小站公园，打造了生态交融、安畅绿美、休闲打卡的景观亮点，留住了章丘人民的铁路记忆；实施胶济铁路沿线慢骑道绿化工程，将原先的渣土堆变为城市慢跑道和骑行公园；绿化改造绣水大街、百脉泉街等铁路沿线道路，将荒地变成惠及群众的“绿色长廊”。

激活力，为沿线发展赋能

124公里铁路，连接一路风景，带动一片产业，造福一方群众。章丘区依托铁路建设，充分释放发展动能，勾画宜居宜业的产业振兴图。锦屏山是齐鲁古道文旅走廊的重要区域，济莱高铁穿山而过，林木葱郁、旖旎如画，特色名胜尽入眼帘，文旅资源尽情展示，吸引了众多游客；以章丘南站毗邻区域土地综合开发为契机，以交通枢纽为中心，系统谋划铁路沿线景观点、功能带、风景线共计122.8公顷，拓存量、创增量，带动沿线经济发展，提升了群众的幸福感。

（济南局集团公司　张守海；济南市章丘区交通运输局　吕兴钰）

北京市丰台区

积极打造环境优美宜人的铁路生态廊道

5月26日上午，北京市丰台区委平安铁路专项组办公室统筹教委等职能部门、街镇、铁路场站和铁路相关单位，以长辛店铁路中学为主会场，联合开展全区“知路·爱路·护路——共筑平安铁路”主题宣传教育活动。活动通过学生倡议、观看铁路护路安全知识宣传片、发放宣传品、参观普法展板等形式，向师生普及铁路安全法律法规，营造全民护路的良好氛围。

丰台区作为首都功能的拓展区、中心城区的增长带、城南发展的新引擎、京津冀协同发展的桥头堡，始终把服务和保障首都发展大局作为职责使命，积极推进平安铁路建设，为维护首都经济社会安全稳定发展贡献丰台力量。

丰台区将铁路沿线综合整治和绿化提升工作列入区综合整治指挥部的专项整治任务。区委铁专办聚焦不同类别挂账整治区域，加强统筹调度协调，挂图作战、列表推进。属地利用“吹哨报到”工作机制，协同市、区属企业、铁路单位及有关部门共同发力，协同推进整治重点。对历史遗留和各类难点等疑难杂症，主动争取市委铁专办“号脉”

“开方”。

丰台区坚持以“秀道建设”为抓手，持续开展铁路沿线环境整治和绿化提升，积极打造景色优美、环境宜人的铁路生态廊道，奋力推进“美丽丰台”建设，不断夯实区域高质量发展的城市环境底色。2024 年，丰台区拆除铁路沿线违法建设共 21.7 万平方米，整治未达标路段 30 米范围内拆除 2.4 万平方米。其中，五里店街道丰台西路渣土处理站、长辛店街道南岗洼工区、西罗园街道花园村三环临街商铺、玉泉营街道草桥村红博馆等多个重点挂账整治区域实现整治拆除。

利用整治后的区域，坚持将铁路两侧的绿化提升与周边环境和公共设施相结合，为附近居民打造休闲场所。例如，紧邻京沪铁路的玉泉营建材市场，一改往日彩钢房、建材乱堆乱放等混乱面貌，成为满廊翠绿的居民休闲长廊；京广高铁沿线长辛店赵辛店村“林语芳菲”口袋公园，利用原铁道旁的闲置空地，打造成为一条风景优美的景观廊道。

风正劲足好扬帆，跨越发展正当时。丰台区将乘“疏整促”之东风、走转型升级之路、现凤凰涅槃之景，进一步拓展城市功能，提升治理能力，做实做细铁路沿线疏整促工作，持续推进平安铁路建设，不断增强人民群众的获得感、幸福感、安全感。

（北京市丰台区委平安铁路专项组办公室　郝健斌）

湖北省襄阳市

铁路护路主题公园正式向市民开放

近日，位于襄州区的襄阳市铁路护路主题公园正式向市民开放，在开展铁路护路主题宣传的同时，也为市民提供绿色、健康的休闲环境。这是襄阳市将铁路空间融入城市发展规划，持续推进铁路沿线安全隐患彻底整治的有效举措之一。在全面优化沿线安全环境的同时，有力确保了铁路大动脉安全畅通。2024 年襄阳市境内涉铁安全案（事）件同比下降 51.4%，首次实现铁路交通事故“零伤亡”。

襄阳市境内现有汉十、郑万、浩吉、焦柳、汉丹、襄渝等 6 条铁路干线，营运里程 1058 公里，居全省第一，安全保畅责任重大。襄阳市委市政府做实做细铁路护路联防安全稳定机制，以整改一批涉铁风险隐患、化解一批涉铁矛盾纠纷等“五个一”为目标，不断深化系列综合治理举措，全力维护铁路安全畅通。通过实行路地联治，落实“双段长”责任制，全市 505 对“双段长”强化协作配合，及时消除 352 处铁路沿线安全隐患。通过实行矛盾联调，全市将铁路沿线矛盾纠纷排查化解纳入全市矛盾纠纷“大走访大排查大化解”专项行动，切实将矛盾化解在早在小。通过实行警务联防，全市建立路地“警情互通机制”，实行巡特警驻站联勤联动，开展治安专项整治行动，优化联合处突应急预案，有效保障铁路安全。2024 年 7 月，南漳县成立全省首个高铁站区域“路地警务融合”暨高铁枢纽派出所，有效提升了站区反恐防暴、治安联防水平。

襄阳市通过建设“口袋公园”和生态停车场等方式，持续推进铁路沿线安全隐患的彻底整治，铁路沿线环境面貌明显提升，取得良好效果。襄州区在对铁路沿线突出安全隐患进行整治的同时，建设了 5 个生态游园和停车场。

襄阳市还在全省率先推动铁路道口“平改立”工程项目建设，对老河口市汉丹线东启街道和韩家巷两处进行“平改立”，有效消除了铁路道口安全隐患，服务保障了经济社会发展。

（襄阳市委政法委 王 珊）

山东省德州市
多举措打造京沪铁路沿线治理样板段

德州市聚焦京沪铁路沿线环境综合治理，以“安全有保障、卫生无死角、观瞻有形象”为目标，创新机制、精准施策，全力打造“机制完善、生态优美”的铁路沿线样板段。

政府统筹引领，构建治理“一盘棋”

德州市以交通强国山东示范区建设为契机，推动现代化综合立体交通运输体系构建，成立德州市加快建设交通强国山东示范区工作机制，办公室设在市交通运输局，由局主要领导兼任办公室主任、分管领导任副主任，统筹全市交通治理顶层设计。各县（市、区）对标市级架构，同步成立相应执行机构，形成“市级统筹、县级落实、上下联动”的全覆盖工作格局。

隐患整治“零容忍”，筑牢安全防线

针对铁路沿线漂浮物、危树等突出隐患，德州市开展地毯式排查整治。对铁路两侧 500 米范围内彩钢瓦、塑料薄膜、广告牌等安全隐患及存在倒伏风险的树木逐一建档，实施“清理、拆除、加固、砍伐”组合拳。2023 年以来，累计完成隐患整治 692 件（2023 年 477 件、2024 年 215 件），拆除违建 80 余处，清理轻飘物 15 万平方米，砍伐危树 1600 余棵，实现安全隐患“动态清零”，筑牢铁路运行安全屏障。

生态绿化“高颜值”，绘就舒美画卷

德州市立足自然条件，科学规划铁路沿线绿色长廊建设：在京沪高铁沿线打造 1.09 万亩森林公园，栽植银杏、华山松等国家储备林 26 万株，搭配名贵树种 32 万株，形成层次分明的生态屏障；在京沪普铁齐河段建设 7.08 万平方米铁路公园，配套休闲设施，年均接待游客超 10 万人次；普铁与 G309 交汇处打造 3 公里“花漾走廊”，种植海棠、樱花等 10 万株观赏苗木，串联玉带湖风景区，形成“四季有景”的景观带。铁路沿线绿化总面积超 12 万亩，成为展示“美丽德州”的生态窗口。

环境净化“常态化”，提升治理效能

将铁路沿线保洁纳入城乡环卫一体化体系，建立“日常巡查＋集中整治”机制，常态化清理垃圾死角、整治脏乱区域。针对拆迁区、废品收购站等重点区域，采取搬迁、粉刷、修缮等措施，2023 年以来累计整治废品收购站 25 家、粉刷墙面 5 万平方米，实现沿线环境无垃圾、无违建、无盲区。同时，创新“双段长＋网格化”管理模式，200 余名网格员划片包干，联动群众参与治理，形成“共治共享”格局。

从安全隐患整治到生态景观升级，德州以“严、实、美”的治理成效，让京沪铁路沿线成为兼具“安全线”与“风景线”的示范标杆。下一步，德州将持续深化长效机制，推动铁路沿线治理与乡村振兴、文旅融合深度联动，为全省铁路环境治理提供可复制的“德州经验”。

（德州市交通运输局　苏立杨）

福建省三明市泰宁县

铁路文化进入泰宁汉堂影视文创园

在泰宁县，一条独特的铁路风景线正徐徐展开，成为这座城市的崭新名片。泰宁县铁路主题公园作为国铁集团对口帮扶重点工程，落座于泰宁汉堂影视文创园内，占地面积达5562平方米，计划总投资1700万元。它以民国时期火车站为设计核心，精心打造出铁路轨道3条、站台及雨棚2处、天桥1座、铁路隧道1座以及水渠等设施，同时完善配套铁路移动设备、固定设施、水电及管网等。

这座主题公园巧妙地将铁路元素与泰宁本地特色文化深度融合，大胆探索“铁路老站区＋文旅业态＋网红经济”综合性文化产业项目模式，全方位展示铁路文化的深厚内涵。它不仅极大地丰富了泰宁影视基地的拍摄资源，为影视剧组提供多元化、特色化的拍摄场景，更成为吸引游客的文旅新地标。

在这条美丽的铁路风景线背后，离不开泰宁县扎实推进的铁路护路联防工作。泰宁县始终将铁路安全视为保障铁路主题公园持续发挥魅力、推动文旅经济高质量发展的关键所在。

在铁路主题公园建设之初，泰宁县护路办便积极介入，与项目建设方紧密协作，从规划设计阶段

就充分考虑铁路安全因素。在铁路设施布局、游客活动区域规划等方面，护路办提出专业建议，确保公园建设既展现铁路特色，又符合安全规范，有效避免建设带来的安全隐患。

公园建成开放后，护路联防工作进一步升级。泰宁县组织铁路派出所、护路志愿者等力量，加强对主题公园及周边铁路沿线的日常巡查。他们定期检查铁路设施设备，及时发现并处理可能影响铁路安全的问题；在公园游客密集时段，开展安全宣传和秩序维护工作，向游客普及铁路安全知识和公园游览安全注意事项，引导游客文明游览，杜绝攀爬铁路设施、在轨道附近嬉戏等危险行为。

同时，泰宁县将铁路护路联防工作与当地影视产业发展、文旅融合工作紧密结合。在影视拍摄期间，护路办主动与剧组沟通协调，为剧组提供安全指导，在保障拍摄顺利进行的同时，确保铁路安全。此外，借助影视拍摄和文旅活动的影响力，泰宁县积极开展铁路护路宣传，通过在公园内设置宣传展板、播放宣传视频，在影视拍摄现场发放宣传资料等方式，扩大铁路护路知识的传播范围，让更多人了解铁路安全的重要性，营造全社会共同参与铁路护路的良好氛围。

近年来，泰宁县大力发展影视产业，将其作为县域经济转型升级的重要突破口。制定出台了省内山区县首个影视文化产业发展扶持办法，组建专业化的影视服务中心，开发影视服务招商云平台，形成全链条全流程的影视公共服务体系。在推动影视和文旅融合发展的进程中，铁路护路联防工作成为坚实保障，不仅守护着铁路主题公园这一特色文旅项目的安全运行，更为泰宁县文旅经济高质量发展筑牢安全防线，让铁路风景线始终绽放美丽光彩，吸引更多游客前来领略泰宁独特的魅力。

（福建省三明市泰宁县护路办　林颖婷）

人物故事|典型示范

526
爱路
护路
宣传日
人民铁路为人民
人民铁路人民护
铁路护路联防安全稳定办公室 宣

大漠里的忠诚守望

韩宗豫　孙志武

临（河）哈（密）铁路，横穿乌兰布和、亚玛雷克和巴丹吉林沙漠，巴彦淖尔市铁路护路联防办公室杭锦后旗下设分队和乌拉特后旗分队，18名联防队员，担负着临哈铁路110公里的铁路护路巡防任务。他们每天接送一趟趟呼啸的列车，见惯了漫天风沙，也习惯了与铁路的朝夕相伴。他们朴实、务实、硬实，他们的脸上永远挂着微笑。18名联防队员正如荒漠中的梭梭木，在这片艰苦地带绽放出绚丽花朵，他们的想法简单又纯粹，就是守好这条钢铁动脉，为铁路的安全护航。

——编者

一

赵喜悦说："还有4年零6个月就退休了。"言语中透露出，他非常珍惜工作的每一天。

10年前，他告别了包头西机务段检修车间机床工生涯后，来到护路队，成为两个分队的"排头兵"。10年里，赵喜悦像个不知疲倦的"陀螺"，两个分队转完，又到110公里铁路旁来回转，每天都是这样忙碌而充实。

记笔记是他的习惯。在赵喜悦办公室的文件柜里，30多本笔记本被码得整整齐齐。随手拿出一册，翻开内页，笔记本里藏着密密麻麻的数字，110公里线路、187余处桥涵、57公里铁路紧邻沙漠和戈壁……这些数字是他日复一日用脚步丈量出的"平安密码"。

有折页的地方，记录着已经消除了的安全隐患，还有不少地方显然是标注的重点：60公里至110公里区段易积沙，形成沙埋护网；铁路附近多处区段土地未确权，容易与村民起争执……甚至有一页上还记录着某位牧民女婿的电话号码。

"好记性不如烂笔头。"他憨笑着说。其实，30多个笔记本还只是冰山一角，在他家里还存放着他干铁路工作以来记录的近100本笔记本。

一次，沙尘暴骤然而起。他凭笔记本的记录迅速定位沙埋点，提前联系工务单位排除隐患，避免铁轨被埋。

"这哪是笔记本？分明是保命符！"联防队员们感慨道。

巡查中，他总像"扫雷兵"般细致。但他的工作却远不止于此：纠纷需调解，抱怨需倾听，违章施工要劝阻……

10年间，他调解过的矛盾纠纷、排除掉的隐患，早已成模糊的记忆，但他却清楚地记得每一个巡守区段需要特别注意的问题。K11+171处，紧邻农田，2024年春季，村民发现有人违规烧荒，一个电话，赵喜悦马上赶到现场。

“现在大伙见了火星子比我还急!”他欣慰地笑道。

没有干过天大的事，却让110公里线路“零事故”；未获多少荣誉，却成了沿线农牧民的“定心丸”。

赵喜悦经常调侃自己，唯一与队员们格格不入的一点就是爱唠叨，就连日常散步遇见赶着牛羊的牧民都要忍不住唠叨几句:“不能在铁路两侧防护网边上放牧。”

几乎每个沿线的农牧民和队员都听到过这种唠叨，但他们却说:“老赵的‘唠叨’，像亲兄弟一样，实在!”

这个宣传员当得称职了，但宣传自己，老赵却“哑火”了。单位让他交个事迹材料,他却推辞道:“我啥也没干，都是弟兄们的功劳。”

二

铁路穿越沙漠，延展至黄沙尽头。两支护路联防分队管辖的110公里铁路沿线之中，有超过57公里的沙漠和戈壁。

从临河站K0公里开始,相继经过旅游区、农区、农牧结合区、沙漠区、戈壁区，其中当属杭锦后旗分队管辖的K65公里至K78公里和乌拉特后旗分队管辖的K83公里至K91公里最为艰苦，这些地段是沙埋、沙移、沙淘最严重区段。

由于位于风口地带，风沙大、风期长，昔日的繁荣早已作古，成为了人迹罕至的不毛之地。

任玉海，是在这里坚守时间最长的义务护路员，他1965年出生，是在沙窝子里长大的，对这片沙漠的秉性和沙地作物习性再熟悉不过了。

从临（河）策（克）铁路开通运营开始，任玉海就成了临策线第一代治沙人和义务护路人，线路两侧的植被和治沙设施都是他参与种植和设计的。任玉海介绍:“这25公里地段全部都是简易护网，沙埋严重地段可达1.6米。风沙最大时能把附近牛场的棚顶掀飞，这些简易护网必须每天都得盯着，稍不注意就会出岔子。”

经过特殊改装的沙地四驱施工车在临哈铁路沿线沙地里蜿蜒前行，大排量的柴油发动机全力嘶吼着，谁曾想这条铁路巡防便道就是任玉海用双脚硬生生蹚出来的。

杭锦后旗分队是唯一一个设置骑马巡查的地方，管辖区段K65公里至K78公里汽车无法行驶，只有借助马儿和骆驼才能够进入区段巡查线路。

骑巡队办公地点就设在杭锦后旗双庙镇新建村八社村民王忠文家中。这支由4人组成的骑巡队平时骑马、冬日骑骆驼巡线，维护沿线环境安全。

现年65岁的王忠文也是第一代义务护路员，闲不下的他时常会到铁路边走一走、看一看，为护路巡线发挥余热。不仅如此，队员们日常巡线的马匹、骆驼和拖拉机都是王忠文无条件提供的。

人们打趣他，这工作啥时候是个头呢?老人的眼神却异常坚定:“走不动就不走了。”

黄沙中，任玉海和王忠文瘦小而又略显佝偻的背影与沙漠、围栏融为一体。围栏内，一列列火车呼啸而过。

三

从巴彦淖尔市乘车出发，到达王忠文家中，中途换乘拖拉机一路向西北横穿大碱湖湿地和乌兰布和沙漠南端，路过“蚂蚁森林”，绵软的沙丘让拖拉机也“趴窝”了。赵喜悦只好带领4名联防队员换骑马匹前进，继续蹚进“无人区”的茫茫沙海中。

在这号称“死亡之海”的沙漠深处，除几株枯黄的梭梭木外，唯一的生物就是当地人称的“黑甲虫”和“沙和尚”了。这里终年大风、极度干旱、荒凉孤寂，一望无际的黄沙连绵起伏，广阔无际，来到这里就相当于半只脚迈进了“无人区”。

艰难行进40分钟，才到达此次巡守区段，此时巡线工作才刚刚开始。

“通常我们每5公里设置一个巡守区段，但是这片区段更长也更艰苦，交给王海和王勇兄弟俩，我放心。”赵喜悦舔着早已干皱起皮的嘴唇，“这个地方由于沙移严重，造成沙埋及护网下间隙过大，兄弟俩的维修任务相当于整条线工作量的三分之一。”在重点巡查时不仅要查看防护网沙埋情况，还要仔细观察防护网是否完整、周边有无危及线路安全的各类风险……

这个季节是沙旋风刮得最凶的时候，大风中，铺天盖地的黄沙聚起，沙子打在脸上生疼，直往鼻子、耳朵里钻。

马儿踩着松软的黄沙喘着粗气，继续沿着线路向沙漠深处走去。天气说变就变，转瞬间，漫天黄沙汹涌而来，将正在巡查线路的队员们裹挟其中。

天地一片昏黄，一列火车满载货物，安全驶过临哈铁路。王勇和王海搓搓手，用钳子将随身挂着的铁丝剪断，把松动的护网与立柱固定，再次查看护网是否松动，确认没事后，这才顶着狂风继续巡守。

四

在两支分队的驻地，各自有一面照片墙，上面贴的都是分队护路员巡线的照片，像任玉海、王义兵、闫孝德、徐世有、王忠文这些老护路员也赫然在列。相片有些褪色泛黄，但却光亮。

“我们的管辖区段是蒙古族、达斡尔族、回族等多民族的聚集地，路外烧荒、放牧管理难度大。”看着相片，赵喜悦说：“却从未发生过护路队员与当地群众的矛盾纠纷，根本原因就是这些老队员为我们打下的底子。”

这些老护路员大都是共产党员，经年累月，他们把自身朴实、务实、硬实的护路精神积淀，将自己对铁路最真挚、最淳朴的情愫，一代一代传递给新护路队员。

“现在，我们在护路工作中，还一直依靠着这些老护路队员。”赵喜悦动情地说：“他们都是义务付出，多年养成的习惯，经常在线路旁走一走、转一转”。在赵喜悦的巡线记录本上清楚地记着：沙尘暴季节，K65+078下护网多处需要维修，义务护路员王忠文多次用马匹拉来石头、砖块和枯木，快速修护好多处隐患区域，无条件地进行维修工作。

任玉海、王义兵、闫孝德、徐世有、王忠文等老护路们说：“挣不挣钱无所谓，为铁路做点事，起点作用，付出点辛苦，不是负担，是荣耀。”

任杰艺、王勇、王海、王科、王伟……都是第一代老护路员的孩子，他们就是这样接过了父辈的旗帜。在他们眼中，护路就意味着荣耀。

上班的时候，他们都是由父亲带领着来到这个集体，也是在父辈的言传身教中，完成这场工作上的“接力”。所以，说起自己的父亲，联防队员们满脸骄傲。

曾经的他们也许不能理解父亲对这份职业的执着，但是随着岁月的累积，他们已然成长为独当一面的联防队员，真正从内心理解了父辈与铁路之间的情感和责任。

“110公里线路上，我的作用不值一提，我们的安全保障是靠着老一辈护路员的无私奉献和言传身教。”

“作为检查员，真正愿意同他们工作和奉献的理由，是因为老护路员的淳朴和爱党、爱国、爱路的精神。”

赵喜悦巡线记录本上的这两句话格外显眼。

我想，这也许就是赵喜悦和联防队员们真正扎根坚守的原因。

五

“性子急、有点轴。”这是联防队员们对巴彦淖尔市铁路护路联防办公室主任王宏明的评价。

2023 年 12 月 22 日，赴任的第一天，刚好接到北京医院手术通知的王宏明执意要先与联防队员们见面。

“高高兴兴上班、平平安安回家；你们踏实工作，剩下的交给我……”王宏明给大家定了规矩，谈话时间虽短，字字句句却直戳人心。

手术后的第 20 天，王宏明不顾家里的反对和不能过度劳累的医嘱返岗，仅 1 个月，用并不利索的双脚将 110 公里管辖区段蹚了个遍，不仅将每个区段的自然情况和安全隐患印在脑子里，还跟铁路沿线附近牧民打成一片，甚至成了好“安达”。

“心拉近了，工作也就顺畅多了，老乡们保安全的主动性自然就会激发出来。”如何与农牧民相处，从小生活在二连的王宏明深有体会。

每次跟着职工巡线，王宏明都要到附近嘎查和老乡们聊上一阵，不仅澄清了当地村民对铁路存在的模糊认识，更化解了乡亲们的困惑疑虑，做到感情在当下培养，情况在当下掌握，问题在当下解决。

“临哈铁路马上要电气化改造了，我还得继续抓紧给老乡们科普漂浮物的知识。”王宏明笑道。

把沿线农牧民发展成为自己的“安全哨兵”，对待自己的“兵”，王宏明不管大事小情，都会全心全意、尽己所能。

“你们的辛苦付出我都知道了，我不会让你们流血、流汗后再流泪。”在了解了联防队员们的故事后，王宏明动情地说。

任杰艺、王科、王勇、王海、王伟……这些年轻、踏实、肯干的小伙儿完成了从义务护路员到联防队员的身份转变。因为管理有思路、责任心强，任杰艺还被提拔成为两个分队最年轻的联防队长。

“善于发现他们的闪光点，多鼓励，多肯定！”说起与联防队员们交朋友的“秘诀”，王宏明道出了自己的方法。

心通气顺，气顺人和。大家工作时主动补位，生活中互相帮衬，从王宏明上任之后，管辖区段内从未发生过牲畜挡道等拦停列车事件。从 2024 年 11 月底至 2025 年 4 月 13 日，联防队员们发现并处理铁路沿线火灾隐患 373 起。

“我们这 18 名联防队员可省心呢，给谁都不换！”王宏明一脸骄傲，掰着指头一个个细数着每个联防队员。说起他们的家庭情况和性格特征，王宏明是如数家珍，在外人看来的糙汉子，内心却无比细腻。

“王主任是我们心中的好主任、好大哥。”这是大家一致的共识。

领导的关怀、工作的默契、珍贵的友情……在他们眼中，能坚守在这里就是一种弥足珍贵的幸福，更是一茬茬联防队员流淌在血液里的执念。

“环境再苦也要咂出甜味，工作再累也要干出样子。”这是大家挂在嘴边的一句话。

赵喜悦说，每当外出巡线时，他总会播放《祖国不会忘记》这首歌：在茫茫的人海里，我是哪一个。在奔腾的浪花里，我是哪一朵。在征服宇宙的大军里，那默默奉献的就是我，在辉煌事业的长河里，那永远奔腾的就是我。不需要你认识我，不渴望你知道我，我把青春融进，融进祖国的江河……

这是大家心中的歌。

坚守与担当
——记新余市渝水区党员护路志愿者林国庆

习梅芳

在新余市渝水区蜿蜒的铁路沿线，总能看到身着“江西护路”绿马甲的志愿者，他们风雨无阻地守护着铁路的安全与畅通。渝水区城北街道办富塘管理处党支部副书记林国庆，正是这支队伍中的代表。作为一名民兵出身的党员，他以高度的责任感和无私奉献的精神，带领团队默默守护着一方平安，成为铁路沿线群众心中的“安全卫士”。

菜地变绿地：一场拉锯战

“老林又来拔菜了！”2021年春天，沪昆线旁的菜农们见到那抹绿色身影就头疼。天工大桥北侧的“历史顽疾”在此扎根十余年：锈铁丝围成的菜地、塑料布搭的窝棚，大风一刮，薄膜碎片便如白蝶扑向铁路，严重影响行车安全。

林国庆深知铁路沿线环境的重要性。十余年来，不分寒冷和暑热，他始终向“脏乱差”亮剑。他经常带领由民兵、团员青年和党员组成的义务护路联防队伍，联合执法职能部门开展铁路沿线环境集中整治行动，对沿线的白色垃圾、乱搭建的木棚、塑料薄膜、杂草树木等进行集中清理整顿，使辖区铁路沿线环境“脏乱差”的面貌得到显著改善，保障了铁路运输安全。

特别是穗都雅居北侧片区附近居民非法种植菜地现象突出，已经拆除的乱搭乱建、乱堆乱放的附属物，过一段时间又呈原状。在处理过程中，还经常遭到居民指责的情况。他反复向居民讲铁路安全法律法规，还联合铁路公安民警上门、进菜地里说法。

2021年起，正值创卫热潮，渝水区在城区铁路沿线开展环境整治“三大”行动，如今这块菜地已恢复绿地。这几年来，他带领开展沿线环境整治活动40余次，清理乱搭乱建乱种182处，清理废弃杂物200余车，为铁路沿线疏通排水沟10余次，美化了群众家门口的环境，维护了铁路沿线环境的文明形象，保障了沿线畅通。他常说，干事就要干出成绩，敢啃硬骨头。作为新时代党员护路先锋代表，他以实际行动为人民办事，成为了人民群众眼中的好党员。

巡逻不“打烊”：扎牢“篱笆墙”

自2006年加入护路志愿者队伍以来，林国庆坚持每天早晚巡逻铁道线，从未间断。他带头研究巡逻方案，开展应急处置演练，提升团队的专业能力。

针对沪昆线、洋坊线等重点路段，他组织联合巡查、夜间巡查，定时定人定线，确保巡逻无死角。炎炎夏日，他顶着40℃的高温，汗水浸透衣衫，却从未喊过一声苦。他说："保障铁路安全是我们的责任，再辛苦也值得。"每逢重点防控期间，为防止沿线种菜户入网行为，保护周边安全环境，他统筹安排铁路巡逻与安保防控，带领民兵、党员干部、平安建设志愿者、护路志愿者组成的志愿者队伍在铁路沿线开展常态化巡逻宣传整治活动。

林国庆针对下午3时至5时村民出行时间段重点巡逻，到沿线菜地和村民家中进行安全教育，大力宣传铁路安全法律法规，组织签订安全承诺书，告诫他们入网行为会危及行车安全，要爱护自己的生命。对摸排的重点位置，做到责任到人，化解隐患，确保巡宣整治工作取得成效。他还主动联系铁路派出所民警，共同开展巡逻和排查隐患，2025年以来，共开展巡逻120余次，处置隐患6起。通过宣传与监督，进一步让群众认识到入网的危害性，树立了保护铁路安全的意识，营造了"人人护路、人人安全"的良好氛围。

涵洞守望者：暴雨中的逆行

2020年盛夏，台风"黑格比"过境。凌晨两点，林国庆在沪昆线K906+300涵洞前蹚着齐腰深的积水，手电筒光束扫过洞内漂浮的垃圾桶，喊道："抽水机！沙袋堵住东侧入口！"他的吼声混着雨声，惊醒了值班室的铁路工。

铁路沿线的涵洞积水问题长期困扰着周边居民。他多次组织村委干部、护路联防队员对辖区内所有涵洞进行实地勘察，商讨解决办法。暴雨天气时还专门召集人员针对涵洞积水问题进行巡查，开展紧急排水，安排人员巡守，及时解决隐患。位于沪昆线K906+300处的辖区通往粤新建材市场的铁路涵洞，车辆及人员来往频繁，涵洞的排水沟因四周倾斜度偏高、水流不顺畅造成积水长期滞留，每逢雨季或下大雨都造成严重积水，给沿线周边居民出行带来严重不便。他想方设法进行排水，竖立醒目警示牌，并组织人员使用铁锹、铁棒等工具清理排水沟内沉积淤泥、垃圾，扩展沟边浮泥土和周边草丛灌木，使铁路涵洞排水沟排水得以顺畅排出，涵洞恢复干爽畅通。

2018年至今，铁路部门和交通部门对该涵洞进行了2次维修。在维修此涵洞道路时，两侧通道口封闭施工，过往群众非常不理解，常与施工人员产生矛盾纠纷，为防止人员攀爬栅栏，他带领队伍在两侧通道口轮流值守，疏散人群，保障有序施工，一直到工程完成值守人员才撤退。2021年，他积极协调交通和铁路部门，修复损坏的涵洞盖板，在两侧均设置2个水泥墩，消除了机动车辆通行的安全隐患，赢得了群众的广泛赞誉。

"护路工作贵在坚持，遇到困难要敢于担当。"这是林国庆常说的话。他以实际行动践行着党员的初心和使命，用坚守与奉献为铁路安全保驾护航。在他的带领下，护路志愿者队伍成为铁路沿线一道亮丽的风景线，也为新时代护路联防工作树立了榜样。林国庆不仅是一名党员志愿者的奉献篇章，更是基层工作者扎根一线、服务群众的生动写照。他的坚守与担当，将继续激励更多人投身护路事业，共同守护铁路的安全与畅通。

（江西省新余市渝水区护路办）

“铁娘子”马粉香

——记银川市金凤区良田镇金星村护路队员马粉香

王　银　李敬宏

在银川市金凤区铁路沿线的村落田埂间，总能看到一个步履匆匆的身影——她是良田镇金星村治保委委员马粉香，也是守护银西高铁与包兰铁路8年的“铁娘子”。作为基层治保组织的一员，她把“枫桥经验”化作护路实招，用“铁脚板”走实群众路线，在治保委平台上蹚出一条“护路+治理”的新路子，让铁路安全与乡村和谐同频共振。

八年如一日，不变的是热爱和奉献

今年是马粉香从事铁路护路事业的第8个年头。多年来，她始终保持着对护路事业的热爱和“不认输”的劲头，每天早上7点赶往铁路线路上已是常态，桥梁、隧道、涵洞、路面路肩、边坡、障碍物……铁路沿线的每一个角落，她都要认真排查，以确保车辆安全通行。针对铁路矛盾涉及面广的特点，她推动治保委与派出所、司法所建立“三联三共”机制：信息联采共通（每周与专业联防队互通巡查日志）、矛盾联调共商（每月召开碰头会）、应急联动共处置（24小时响应机制）。2024年冬，涵洞立面渗水遇到气温骤降，早起涵洞积冰导致车辆堵塞，交通瘫痪。时值早高峰，上学、上班的乘客怨声载道。马粉香第一时间启动联调机制，治保委成员分头安抚群众，组织人员清冰，派出所维持秩序，仅用1小时就恢复了这一连接两县区的交通要道，化解了一次负面舆论风险。

基层护路经，书写的是责任和担当

马粉香牵头在3个沿线行政村、1个沿线社区治保委下设“护路信息岗”，发动36名治保委成员、62名村民代表担任“义务巡查员”，构建起“村治保委、自然村网格、农户”三级联动体系，用民情网格串联起铁路护路联防的“千里眼”。她设计的“铁路沿线住户联系卡”，详细标注了23户重点户的房屋位置、联系方式和风险点，涉及严重精神障碍患者、大牲畜养殖户等重点人员，她都烂熟于心。有次在大清早的巡线途中，她发现铁路护栏网外多了一个新倒的垃圾堆。面对这堆约2立方米的垃圾，马粉香没有简单上报了事。她戴上手套仔细翻查，想要寻找到与丢弃垃圾的人的相关信息，终于找到了一本被菜叶包裹的三年级语文作业本。于是照上面手书的学生信息联系学校，最终确认了其住址。不到11点，马粉香与几名村治保委委员就一同来到其家中，在后院发现了与铁路边同样的垃圾袋。见到当事人虽承认了乱倒垃圾的错误却不明白与铁路安全有何种关联，马粉香耐心解释：“这些垃圾容易被大风吹到列车输电线上，引发列车停车，危及旅客安全，造成国家经济损失。”还有一次，她在巡查时发现大量饮料瓶、桌布等聚餐用品被人倾倒在铁路旁，通过分析应该是举行婚丧嫁娶时产生的垃圾，她将垃圾堆拍照发到治保委微信群，通过反馈得知附近村庄最近仅有一户人家刚办过喜事，因此得以精准定位到非法倾倒垃圾者。凡此种种，没有强大的联动机制、完善的网格“大数据”做支撑是不可能办到的。马粉香后来在护路会议上交流说：“宣传工作平时看不出成效，但宣传工作才是护路的最基础工作，我要是不做护路队员，也不知道乱倒垃圾能威胁到铁路安全，这是我的工作还有遗漏。”

矛盾不上交，体现的是治理和服务

马粉香总结的“望闻问切”护路调解四步法，成了治保委的“传家宝”。“望”就是指多看两眼——护栏网有无底洞、缺口，线路附近人员精神状态是否异常；“闻”指的是多听两句——群众对铁路沿线治理整治工作有无怨言，对安全宣传有无建议；“问”就是调解时多问一层——纠纷背后是否有历史遗留问题，是否涉及多人利益；“切”则是在处置时多深入一分——既要解决当下矛盾，更要堵住隐患、漏洞。2024 年 7 月至 8 月，罕见的连续降雨致使沿线 2 个涵洞连续几日积水难行。马粉香一方面组织村民清淤，另一方面从“双段长”机制渠道连续提请铁路部门抽调设备连夜抽水，解决了通行问题。后续又加装了自动排水设备，让“难啃的骨头”变成了“共治的样板”。2025 年 2 月 25 日，马粉香巡线到包兰铁路 K543+300 处时看到一名女子在铁路护网边面向铁路伫立，情形异常，于是上去查看。不料刚一靠近，马粉香便发现这名女子情绪极为激动，问话不答。凭借经验，马粉香当即通知了村治保委主任。经过耐心劝解，女子情绪才得以恢复，并离开了铁路线。面对日益突出的矛盾多元化趋势，马粉香善用“土办法 + 硬规则”：调解邻里纠纷时，请来家族长辈、村老党员“评理说事”；涉及企业责任时，依据《铁路安全管理条例》逐条对照；遇到急难愁盼问题，在治保委例会上邀请“三官一师一员”成员现场说法。

汇聚同心圆，推动的是共治和共享

铁路护路联防突出一个“联”字，谁能发动起群众来，谁就能搞好工作。马粉香带着治保委成员逢节逢假携带宣传品，领着沿线小学的“优秀铁道小卫士”、由老年人组成的“夕阳红爱路护路宣传员”深入田间地头，走村串户、见缝插针讲安全，让孩子当“家庭安全监督员”，老人当“村口守望员”。通过这“三员一士”，基本解决了铁路沿线安全宣传“最后一公里”，实现了铁路护路知识在村庄、田间的全方位渗透，形成了一张紧密且全面的安全防护网，从日常宣传到实时监管，从家庭层面到村口要道，各个环节环环相扣。

大的社会面工作网络建立起来以后，针对沿线企事业单位这些“小堡垒”，她主动对接铁路部门、企业、学校，落实“四方联动”机制：与铁路工务段开展每季进企业、进单位联合巡检，确保安全隐患“长一茬就割掉一茬”；与铁路公安联手在沿线企业设立“治保联络站”，保证了遇事能及时找到相关人员；在 2 所小学开设“护路课堂”，在开学季、放假前邀请铁路公安“讲一课”。提到学校，就不得不说说马粉香的一项意料之外的“创举”。6 年前，马粉香说：“孩子们的想法很单纯，就是期盼获得一些荣誉与表扬，渴望有机会参与其中。”在她的提议下，护路办积极配合，“铁道小卫士”护路队伍在沿线学校建立了起来，年年开展评选，发放纪念品、荣誉证书，举行授旗仪式，不经意间已传承了 6 代小卫士。小小的孩子们每年将鲜红、硕大的旗帜严肃、庄重地递予下一届小卫士，也将责任和荣誉传递下去。如今，随着“共治朋友圈”持续壮大，铁路沿线从村庄到企业，从学校到社区，全民护路的文化氛围愈发浓厚，众人齐心协力，共同为铁路运输的安全畅通保驾护航。

马粉香是铁路护路事业中普通的一员，她用 8 年的实践证明，基层治理从来不是“高大上”的设计，而是把“鸡毛蒜皮”当成“头等大事”，把“家长里短”化作“共治合力”。她用 8 年的坚守证明，当护路队员的“铁脚板”走出群众路线的“新路径”，就能在平凡岗位上谱写出平安建设的大文章，这正是新时代基层治保人最动人的模样。

（宁夏回族自治区银川市金凤区护路办）

用“一脚泥”换“一路安”

——记合肥铁路公安处绩溪县站派出所民警程有亮

王文凯

30年青春岁月，日复一日，年复一年，他一直守在这条铁路线旁，和钢轨相伴。程有亮，今年53岁，合肥铁路公安处一级警长，1993年从郑州铁路人民警察学校毕业后，进入铁路公安队伍，负责宁国市境内69公里皖赣铁路线的安全守护。

这是一条连接安徽省芜湖市和江西省鹰潭市的铁路，北连宁铜铁路和淮南铁路，南连沪昆铁路和鹰厦铁路，中间与宣杭铁路、衢九铁路相连，是连通安徽、江西两省的铁路干线，全长约580千米，被称为华东第二通道。

倒春寒的清晨，皖南山区的冷风带来阵阵寒意，皮鞋踩在道砟上，鞋底与石块发出嘎吱的声响，老程的故事，在此展开……53岁的铁路民警程有亮依旧如往常一样，走在他巡逻的路段上。他时而蹲下顺着钢轨查看，时而爬上铁道旁的防洪坡瞭望，身手还是那么敏捷，一点看不出是50多岁的样子，这是他多年巡查线路打下的好底子。皖赣线是一条开放式的铁道线，沿线治安环境复杂，蜿蜒的铁轨不会说话，只有细致入微的巡查才不会漏掉安全隐患。

“宁国市境内有个三等货运站——港口镇站，它是皖赣铁路宁国段的北大门，我刚上班的时候这个站每周都有发案。”顺着程有亮的目光望去，多条铁路线依次排开，停满了货运列车。南来北往的货车在此汇集，巡防的压力自然很大。在20世纪90年代，货运车站货盗现象比较严重，程有亮的青春就是在一次次蹲点守候中度过的。他感慨道：“随着社会的发展、人民生活水平的提高，以及铁路人防、物防、技防等措施的完善，如今货盗案件已经消失了。”在程有亮管辖的铁路，近20年来没有发生过重大治安刑事案件。尽管警情减少了，但每天的巡逻，程有亮不敢疏忽。

程有亮说：“线路工作远离城市的喧嚣，没有熙熙攘攘的旅客，有的只是两条铁轨和广袤的土地、炊烟袅袅的人家，这样听着像是人们向往的诗和远方。”其实线路民警的工作远比想象的辛苦。线路上的工作主要是负责铁路沿线的治安，以保障火车安全运行。程有亮每天要沿着铁路线翻山越岭地巡逻，奔走于铁路两旁的乡野间，手里的“武器”不是手枪而是老虎钳、铁丝，这是他用来修补护网隐患的，以防人和大牲畜从防护栅栏的漏洞跑到铁路线上危及行车，但凡是能想到的危及行车安全的隐患他都要去管。在最热的七八月，高高的日头下有他汗流浃背的身影，在最冷的寒冬腊月，他也顶着刺骨的

北风查看重点复杂区段。

除此之外，他隔三岔五地还要走访签约废品收购站、大牲畜养殖户。寒暑假前后他还要充当孩子们的“送法使者”，到学校去向学生们宣传铁路安全知识。每逢节假日，他还会走村入户，向村民们问好，告诫村民“不上道、不抢道”。要想守好铁路，就得和铁路附近的群众打成一片，了解辖区动态，收集群众声音。三年前，程有亮听到群众反映铁路附近住着一位老人耳聋得厉害，还特别喜欢上山砍伐毛竹，翻越铁路。为了防止铁路交通事故的发生，程有亮经常来义务帮他搬运毛竹。今年开春这位老人病情加重，经过多方协调，在当地政府的关怀下，老人被送往医院治疗，这既减轻了家属的负担，也保障了铁路的安全。

在铁道上工作了30年，程有亮见过了太多的生死，他经常告诫群众：“铁路交通事故是很惨烈的。”经过多年的宣传教育，铁路附近村民的安全意识有了长足的提升。但要保障这条铁路的安全，只是满足于对铁路附近的村民宣传是远远不够的，还要把铁路安全的声音传给整个山城的百姓。2025年1月，山城宁国迎来了首个高铁春运，高峰时段为了等一趟高铁列车，宁国南站会挤进数百名旅客，这时候车室里就像是沙丁鱼的

罐头，只需要“一勺热油”，就能让候车室的温度“沸腾”。瞬时大客流给组织工作带来了压力，却为铁路安全宣传带来了有利契机。在宁国南站候车室里，老民警程有亮对每一位过往的旅客反复强调：“你好，请关注铁路安全，铁路安全需要你我共同参与。”他细致地解读着手中的宣传册，尝试着把铁路安全知识传递进每一位旅客的心中，因为只有安全意识入脑入心，才能避免悲剧的发生。

程有亮说：“春天来了，细雨滋润下万物复苏，虽然脚上沾满泥土，但无名的野花在铁路边悄然绽放，春风也更加和煦。我最喜欢在春天时巡线，因为一步一个脚印都是我过往留下的痕迹。”与人流熙攘的客运站相比，巡线是寂寞的，可是程有亮的目光里却没有落寞，只有岁月磨砺后的沉稳和执着。程有亮明白，每一个岗位都需要人坚守，金子在哪里都能发光。火车“咣当咣当”每日运行，程有亮像钉子一样在铁道“钉”了30年。由于工作成绩突出，他多次获得嘉奖，多次被评为“优秀共产党员”，2023年1月还因线路治安工作突出被上海铁路公安局评为“群众工作能手”。在铁路公安工作了大半辈子的他知道，属于他的列车已经进入旅途的尾声。他乐呵呵地说：“老马自知黄昏晚，不用扬鞭自奋蹄！”夕阳西下，又一辆列车满载货物风驰电掣般从身旁驶过，“呜呜”的汽笛声仿佛在向老警长致以崇高的敬意。程有亮拍去帽子上的尘土，警徽在夕阳下熠熠生辉，他重整行装，脚步坚定地向远方的车站走去。

（合肥铁路公安处绩溪县站派出所）

说说俺的护路故事

王耀东

俺是固原市泾源县大湾乡武坪村的治保委员会主任，也是一名护路队员，当护路队员已经18个年头了，全村没有过发生任何影响铁路运行安全的问题。

当个问不倒的“活地图”

身为一名乡村护路承包队员，要想做好铁路护路联防工作，就要熟悉并掌握自己所管辖范围内的村情和路况。武坪村位于宝中铁路泾源段的最北端，辖4个村民小组，现有人口262户779人，辖区铁路总长6.1公里，有桥梁2座、隧道2条、涵洞2处，养牛户34户存栏230头，养羊户12户存栏226只，机动车83辆，五残人员7人。为了将这些情况熟记于心，俺曾联系县乡护路工作人员一同进村入户、实地踏查，将每一处桥梁、隧道、涵洞拍照登记，建立电子信息档案；与每一户五残家庭都签订了监护责任书、与养殖户签订了不在铁路沿线放牧责任书，并全部装订成册。俺自己手绘了护路工作社情状况示意图，标注标清重点区段、重点农户、重点设施等基本情况和地理位置，做到了问户知人、问人知事、问事知情，极大地方便了护路工作的开展。

练就治隐患的“多面手”

保证铁路安全，重点在于排查和整治安全隐患，这就需要我们护路人员事事要当心、处处要留意，千万不能麻痹大意，有时一松懈就可能导致涉路事故的发生。近两年，在村里的支持下，俺组织大家对沿线环境进行了整治，清理承包区域杂草、枯枝、玉米秆及垃圾2吨，劝返闲杂人员5次，清理隧道口影响视线的树木5棵，动员沿线群众清理农用残膜10余吨。在日常巡逻中，俺看见铁路边有堆放的垃圾、防护网下有能过人的缝隙，都会及时去处理，自己能干的就自己干，决不把这些问题扩大化。

小商店开成了“夫妻店”

自从当上乡村护路员后，俺老伴不光支持，还帮了不少忙。俺在家开了个小商店，老伴把收集到的爱路护路宣传画悬挂在屋内醒目位置，把护路报刊等宣传资料整齐地摆放在桌子上，供进入商店的村民翻看学习，她还经常给大家宣传护路知识，俺的小商店成了铁路旁的“护路点”。为了确保铁路沿线的安全，俺要经常巡查，及时发现并处理各种情况，及时化解可能出现的矛盾和纠纷。俺坚持与铁路公安联勤联动、信息共享，积极发动本村党员干部、网格员和志愿者共同参与铁路巡查，及时在护路工作群发布巡查影像资料，确保巡查到位、信息反馈准确、问题处置及时。俺老伴和这些人都很熟悉，俺忙不过来的时候，老伴就是俺最好的帮手。2024年上半年，她就帮俺处理了2起人员上道的危险事件。

铁路安全连着千家万户。俺会认认真真地做一名称职的护路员，用实际行动守护好铁路安全。

（宁夏回族自治区固原市泾源县大湾乡武坪村）

热心老大哥

——记湖南省张家界市护路办专干朱佐亚

滕　峰

张家界市护路办专干朱佐亚，从事铁路护路工作十余载，工作中很有“几把刷子”，大家都亲切地称呼他为“老朱”。即将退休的他，在同事们眼中既是热心的老大哥，也是学习的榜样。

扎实的群众基础

老朱有扎实的群众工作基础，是化解涉铁矛盾纠纷、解决涉铁难题的一把好手。他先后被单位指派驻村从事“党建联点扶建”“精准扶贫”等工作，多次被评为先进个人并在扶贫工作中荣立个人二等功，年终民主测评连续多年优岗。

2023 年正月初七，春节长假上班的第一天，黔张常铁路永定段王家坪镇九龙山村村民李某某因其诉求未得到满足，实施用砂石堵住黔张常铁路沿线便道的极端行为。相关护路办干部先后做李某某工作，但效果不理想。老朱在铁路护路工作微信群看到信息后，立即驱车赶到现场，向李某某说明便道被堵后的利害关系，尤其强调容易引发安全事故，并劝其通过合理合法的途径解决诉求。经过老朱耐心劝说，李某某当即认识到错误并运走了堵路的砂石。像这样直奔现场、直面群众解决涉铁矛盾纠纷、化解难题，老朱自己都记不清干了多少次。

执拗的行事风格

老朱有着执拗的行事风格，只要是有利于铁路护路工作的，他都坚持原则，甚至不留情面。他到现场调研召开座谈会有“四不开”，即乡镇（街道）分管负责人没到不开、村（社区）护路专干没到场不开、义务护路队员没到齐不开、在列车途经高峰

时段不开。2023 年 3 月 9 日，市护路办到慈利县零阳街道召开护路队员座谈会，街道仅安排一名工作人员参加。老朱认为街道不够重视，当场表示会议不开了。直到半个多小时后，街道一名党工委副书记匆匆赶到会场，老朱才宣布开会。近年来，在他的坚持下，市护路办对年度考评排名靠后的乡镇（街道）主要负责人进行约谈，并对这些地方的铁路护路工作进行挂牌整治。2016 年 7 月 25 日，慈利县岩泊渡镇火车站路口发生一起重大铁路交通事故。市护路办对该镇铁路护路工作进行了为期半年的挂牌整治，老朱代表市护路办对该镇镇长和护路办主任进行了约谈，提出了工作要求。在老朱的精心指导下，该镇立即进行了整改。一方面由镇里出资，聘请专人负责岩泊渡车站重点路口轮班值守；另一方面积极协调，促成了岩泊渡车站人行涵洞的修建。这次挂牌整治后，岩泊渡镇的铁路护路工作有了很大改观，再也没有发生过涉铁事故。

不服输的坚韧性格

老朱有着不服输的坚韧性格，不但要做好年轻人的“传帮带”，更要挑战自我当“行家里手”。他总觉得坐在办公室闭门造车掌握不了实际情况，只有多到现场、多跟护路队员面对面交流，才能真正干好铁路护路工作。他经常带领大家迈开双腿，到铁路沿线走访调查，听取群众意见，对重点人员逐一上门宣传，对排查出来的隐患问题整治不到位绝不放过。某区护路办专干从事铁路护路联防工作之初业务不熟，还要经常到铁路沿线巡查调研，存在畏难情绪，甚至产生了换岗的念头。老朱看出了这名专干的心思，一有机会就和他交流，讲自己的护路工作经历，说明护路工作的重要性。在老朱的鼓励和带领下，这名专干安心工作、钻研业务，很快成为铁路护路工作骨干。近年来，该区铁路护路工作考评也一直排名靠前。全市 3 个涉铁区县、25 个乡镇（街道）护路办专干，老朱都和他们交流过铁路护路工作业务。为了不遗漏任何一条有价值的信息，除了用手机随时关注铁路护路微信工作群外，老朱还自掏腰包买了一台笔记本电脑，方便“一事一奖”和“优秀微信记录”信息上报。对于一个曾经的“电脑盲”来说，这无疑是一个巨大挑战。为了尽快上手，有一段时间老朱常常白天有机会就向同事请教电脑知识，晚上就和远在北京工作的儿子视频连线，让儿子手把手教自己。经过三个月的努力，他硬是把自己从一个“电脑盲”变成了可以指导县区、乡镇（街道）护路专干上报“一事一奖”和“优秀微信工作记录”的“行家里手”。

深厚的护路情感

老朱有着深厚的护路工作情感，不仅心里总是装着工作，更把对工作的热爱化为对广大护路队员的关心，时刻把大家的冷暖记在心头。张家界市有黔张常高铁、张吉怀高铁线和焦柳铁路，共有义务护路队员 191 名，老朱经常和他们“打成一片”。很多义务护路队员的名字、年龄、住址、家庭情况、从事护路工作的时间，甚至哪个义务护路队员上报过哪条“优秀微信工作记录”、得到过哪些奖励、家庭有什么困难等，他都能随口说出。永定区后坪街道义务护路队员杨举花患有内风湿病，需要常年服药，家庭比较困难。老朱经常到她家里看望慰问，将各类奖励定期送到她的手中。春节期间，老朱多次代表市护路办给她送去慰问金。对于老朱的关心，杨举花备受感动，护路工作更加认真，所负责的路段从来未发生过安全事故。市护路办为义务护路队员统一采购的装备物资、奖金等，老朱都会定期送到义务护路队员手中。2018 年 1 月 3 日，下着鹅毛大雪，老朱开着车送春节慰问物资到慈利县南山坪乡。当行至离乡政府 3 公里左右一陡坡路段时，路面结冰车辆无法前行。老朱和同事一道扛起物资送到乡政府。正如老朱常挂在嘴边的一句话：“多跟护路队员拉拉家常，他们大多居住在农村，看到我们上门送温暖，他们感动着呢。”

（张家界市护路办）

以坚守诠释忠诚

——记守护在跨越塔克拉玛干沙漠的铁路大桥的战友们

宋靖宇　曹吉利

2022年，随着一块用汉字写着“五星出东方利中国”的织锦横空出世，被掩埋在流沙下1500年之久的“精绝古城”也随之揭开了神秘面纱。出土于尼雅遗址的“精绝国”，被誉为“20世纪中国考古学最伟大的发现之一”，这一发现，将地处世界第二大流动沙漠——塔克拉玛干沙漠腹地的新疆维吾尔自治区和田地区民丰县，第一次展现在世人眼前。

“塔克拉玛干”是维吾尔语，译为“走得进，出不来”。许多来自世界各地的探险家和科研工作者，都曾悄无声息地消失在这片令人畏惧的“死亡之海”。然而，在一片长32米、重130余吨的T梁架设完成后不久，这片沙海延续数年的沉寂，终于被一声悠长的汽笛轰鸣打破。2022年5月，建有19座特大桥，跨越沙海的奇迹建筑——若和铁路正式建成通车，这标志着新疆维吾尔自治区和田地区洛浦、于田、策勒、民丰、且末共五座县城不通火车的历史彻底结束，群众的出疆路程缩短了1000余公里。

若和铁路是南疆人民的“经济线”“生命线”，更是脱贫攻坚的“政治线”。维护铁路运输安全，保障旅客群众平安出行，是坚守在若和铁路最西侧，乌鲁木齐铁路公安局喀什公安处民丰站派出所全体干部民警的共同责任。2023年，喀什铁路公安处正式成立，来自天山南北的铁路公安民警作为新线建设的先遣队，义无反顾背起行囊，泪别故乡，一头扎进距家1400余公里的大漠腹地。

宋朝晖：今年54岁，曾在14年前作为先遣队员，参与过喀和铁路新线建设，是喀什公安处民丰站派出所首批驻站民警。若和铁路通车后，身为经验丰富的老民警，他第一时间响应组织号召，毫不犹豫来到新的岗位。民丰县毗邻塔克拉玛干沙漠南缘，一年365天里，至少有300余天是沙尘天气。抵达派出所前，宋朝晖做足了心理准备，但没想到，新线的自然环境远比想象中更为恶劣。刚到民丰就连着刮了几天沙尘暴，进站口的石阶上积了近十厘米厚的土，出门睁不开眼，细碎的砂砾打在耳郭咔咔作响，大风天气又极易停水断电，最长的一次，火车站管道抢修十多天，生活用水都成问题，宋朝晖只能和同事开着车去十几公里外的水厂接水。精神抖擞地出去，灰头土脸地回来，半年吃下一块砖，齿关咬起来咯吱响，可派出所众人都习以为常了。

从刚开始极度的不适应到如今已经坚守在民丰站两年有余，不管多苦多累，宋朝晖从未打过一次退堂鼓。

庞新立：民丰站派出所辖区线路全长160余公里，贯穿五乡一镇，其中，包含全长18公里的尼雅河特大桥在内，贯穿沙海的5座特大桥，是线路防控工作的重中之重。为确保旅客列车平稳运行，特大桥周边的部分区段布有枯秆串联的“方格子”用以防风固沙。但有时风一大，沿路的沙丘被吹散，线路民警庞新立经常往返巡线的道路，就会被淹没在滚动的流沙下。

最惊险的一次，庞新立和同事驱车巡线到若克雅特大桥下，平静的沙海突然间狂风肆虐。当时两人刚刚驶过桥边近60度的陡坡，即使是四驱的警车，开下去也再难爬上来，没有退路，便只能顶着狂风一路向前。不幸的是，驶出沙海的必经之路因尼雅河融雪导致水位增高，泥沙淤积，出行的小道遭大水漫灌，已无法通过，两人迫不得已，只得翻越沙丘，驶向不远处几乎淹没在滚滚流沙中的废弃公路。尝试向前行进约两公里后，道路被一大片倾泻的沙丘拦腰截断，沙丘过高，强行翻越必然陷车，后果不堪设想。危急时刻，庞新立果断调转车头反方向行进。当时两人身处无人区，导航几乎成了摆设，被大风“搬运”的沙丘塑造出全新的环境，既没有路标，又找不着参照物，但看不清前行的道路，也无法辨明方向的庞新立，却凭借无数次下线巡查的经验，与同事一边行驶，一边探路，最终有惊无险地驶出了流沙区。在此之后，老庞便得了“活地图”“沙漠之眼”的称号。

李旭东：扎根在民丰，对于小女儿刚满5岁的李旭东来说，是一个全新的挑战。每逢佳节，阖家团圆这个看似简单的小心愿，在他和妻子组建的双警家庭里却难以实现。今年正月初十，李旭东坚守在岗位上，同为警察的妻子张珍也仅有3天假期，因为想过个“团圆年”，张珍便带着5岁的女儿开车自驾600余公里到民丰站与丈夫小聚。可当结束一天工作的李旭东回到派出所时，妻子却接到紧急任务需返回驻地，一家三口的“团圆年”，改成了一顿“团圆饭”，放下碗筷，披上戎装，奔向工作任务需要的地方。把小家的温馨藏在心里，对不起了，女儿，因为爸爸妈妈是守护一方的卫士！

前路总有抉择，时间就是答案！守护世界首条“环塔沙漠铁路线”，既是民丰站派出所干部民警的职责使命，亦是一代铁警卫士的信仰与荣光。两年间，他们扎根边疆，用行动谱写担当，以坚守诠释忠诚！在漫漫沙海中练就秘境之眼，于茫茫大漠里绽放青春光芒。

（乌鲁木齐铁路公安局喀什公安处）

彭大姐的护路故事

向自云

湖南省张家界市桑植县上洞街乡二户溪村黔张常铁路51号岗亭旁铁路高架桥下，一个熟悉的身影缓缓向我们走来，身着工作服的她显得格外精神，这便是我们此次临出发前就联系好，准备一起开展铁路巡查工作的铁路巡防队员、志愿者彭英浓，大家口中的彭大姐。

我们一起走小路、穿草丛、爬陡坡、攀铁梯，来到高架桥、隧洞进出口，查看铁路护栏及相关设施设备情况，我们一起聊关于铁路的故事。半天的巡查下来，不仅对彭大姐的认识更深刻，也从心底由衷地钦佩彭大姐。

彭大姐是二户溪村张家组人，地道的本地人，55岁，一米五的身高，皮肤黝黑，她的身上有着山里人特有的勤劳、朴实、正直、勇敢和坚毅的品质。当我问起彭大姐什么时候开始从事铁路护路工作的时候，彭大姐顿了顿，然后向我娓娓道来。

2019年上半年，本在浙江务工的彭大姐回到家乡后，考虑还有个小儿子需要照顾，没有选择继续外出，而是在铁路建设工地上做施工车辆信息员、引导员，也正是从那时候开始，彭大姐与铁路结下了不解之缘。2019年12月黔张常铁路开通运行时，因在铁路工地上的优异表现让她正式成为了一名铁路巡防队员，而成为铁路义务志愿者则早在铁路开通之前就开始了。当时村里找人做铁路志愿者从事日常巡查工作，因为没有报酬，村里没有人愿意去做，彭大姐说自己反正也在工地上做事，做志愿者也是为了铁路安全，也是给村里做事，就这样成为了一名铁路志愿者，一直持续到现在。

从彭大姐的讲述中，我深深感受到彭大姐的一天是多么的忙碌和不易。作为铁路巡防队员，彭大姐一天要完成4个地段16次的巡查打卡任务，早上5点开始，最晚要到晚上10点才结束，中间每隔40～60分钟要打卡一次。每天骑着电动车往返打卡要跑十几公里，巡查步行差不多2公里。而作为铁路义务志愿者，则要负责村里全部铁路线路的日常巡查，彭大姐对辖区铁路经过几个高架桥，穿过几个隧道了如指掌，也对辖区铁路线路的情况轻车

等下要赶过去巡查打卡。而每次我们去村里开展铁路巡查的时候，她不是在岗亭值班就是在去打卡的路上。2023 年 7 月连续下大雨，山体滑坡导致栅栏内铁路护坡被损坏，有堵塞隧道口的风险，影响铁路运输安全，彭大姐第一时间向铁路工务段进行了报告，有效解除了险情。2024 年 3 月，彭大姐在二户溪村唐家二号隧道进口（K424+010）附近巡查时，发现有村民在铁路线路安全保护区附近烧荒造成很大烟雾，她立即赶到现场进行劝阻，并将火扑灭，及时消除了安全隐患。不管是暴风骤雨，还是烈日炎炎，彭大姐一直在巡查的路上……

熟路。除了日常巡查打卡外，还要对铁路护栏边的树枝、滚刺笼上的杂草及时进行清理，碰上暴雨等极端天气，半夜都要巡查值守。彭大姐的一天是忙碌的，几乎没有时间做其他事情，连买菜做饭都非常地仓促，更别提充分地休息了，但她却几年如一日地坚守着。

一路走来，彭大姐为了铁路护路，可以说得罪了不少人，村里有人说她太正直了。曾经铁路开通运行时，因征地纠纷问题，个别有极端想法的人甚至想去破坏铁路设施，正直的彭大姐百般劝导他们，告诉他们铁路安全是国家大事，矛盾问题有相关部门处理，不能因为有问题没解决好就破坏铁路运输安全。为了铁路运输安全，彭大姐在宣传劝导上十分上心，她以实际行动让铁路沿线不准燃烧烟花爆竹、不准悬挂横幅等飘浮物、不准焚烧庄稼秸秆、不准放养大型牲畜、不得破坏铁路设施、不得翻越铁路栅栏等这些宣传标语得到落实。

说起彭大姐，她的敬业让人动容。让我印象深刻的是，有一次我们还在座谈中，她心系着铁路巡查任务，一直盯着时间看，询问我们多久结束，她

最后，我问起彭大姐怎么看待别人对她的看法时，她坚定地回答道："不管别人怎么看，我都会坚持自己的内心，既然做了这个事，就会用心去做，要为铁路安全负责到底。辖区有了铁路，村里变化大，坐火车出行也方便了。"从她的眼神中，我看到她对美好生活的向往，对未来的希冀。

彭大姐只是铁路护路人的万千缩影之一，正是有着像彭大姐这样的一群人默默付出和奉献，才造就了我们铁路运输的安全稳定。这群奉献者是值得我们学习和尊敬的，她们是铁路沿线独有的美丽风景线。

在我告别彭大姐之际，远处传来一阵阵"轰隆隆"火车声，在我们的注视下，只见列车呼啸而过，带着大山的气息，驶向诗和远方……

（湖南省张家界市桑植县上洞街乡护路办）

用双语宣讲的“百灵鸟”

——记红旗农场护路办古力努尔·阿比力克木

陆玉江

红旗农场，边陲小镇，轮廓似游鱼，一列列南来北往的列车从它身边呼啸而过。在绵延千里的铁路线上，有一段长22.352公里的特殊路段，它凝结着红旗农场护路队伍的心血与坚守。多年来，红旗农场以高度的责任感和使命感，深入开展护路联防工作，在巡防值守、隐患整治、爱路宣传的一线，用实际行动书写着新疆铁路安全的守护篇章。

在这里，有这样一抹动人的身影——“95后”维吾尔族姑娘古力努尔·阿比力克木，她用青春与热忱带领群防群治力量，在爱路护路的舞台上书写着别样的精彩。这支由她凝聚的志愿队伍，正以“绣花功夫”守护着铁轨安全，用温暖行动传递着文明风尚。

双语宣讲，让安全知识“声”入人心

她深知宣传教育是筑牢安全防线的根基，她总是在想，要怎样用通俗易懂的方式进行护路安全教

育。她发挥双语优势，将生硬的铁路安全法规改编成朗朗上口的维吾尔语顺口溜，用双语有趣地讲解护路知识，生动形象地讲解铁路安全事故通报，让职工群众深刻理解管理好家里的牛羊对于铁路安全的重要性。

在“5·26我爱路”活动之际，她还策划“小小护路员”活动，组织10名小学生组成宣传小队，通过绘画比赛创作出30余幅铁路安全知识主题画作，在学校展示栏展出，吸引了全校师生驻足观看，让在校学生了解掌握了铁路安全知识。与此同时，她还给他们安排了一堂特别的课后作业，回到家给爸爸妈妈讲铁路安全课，实现护路安全教育“小手牵大手”。“以前总觉得铁路安全离自己很远，现在孩子天天在家念叨禁止在铁路两旁放牧、游玩、烧荒，我们也受到了教育！”职工阿依努尔感慨道。

排查整治，让安全隐患无处遁形

在隐患排查一线，她也同样展现出非凡的担当，365 日如一日协同连队专（兼）职护路员每日对铁路沿线责任段进行常规巡查，无论在烈日炎炎的酷暑，还是在寒风凛冽的严冬，大家始终坚守岗位。在 2025 年 3 月的一个清晨，她带领护路员巡查时，发现南疆线 K1378+200 处上行右侧，有 2 连群众在临近铁路沿线搭建简易圈舍，圈舍养了十头牛，她立即联系群防群治力量封锁现场，组织大家沿着铁轨沿线寻找是否有牛在铁路沿线滞留，并联系群众在集中养殖区搭建圈舍，拆除此处违规圈舍。她勤勤恳恳，消除铁路线路安全保护区内烧荒、放养牲畜、种植危树、排污、倾倒垃圾，以及擅自构造建筑物、取土、挖沙、堆放悬挂物等风险隐患 35 个，彻底清除铁路行车的安全隐患。“我们不能忽视每一个潜在风险，因为最轻微的疏漏也可能导致不可挽回的损失。”她斩钉截铁地强调。

下情上达，让信息畅通筑牢防线

针对新疆特殊的地理环境和气候条件，她密切关注天气变化、施工动态及群众反馈，一旦发现铁路安全隐患或异常情况，迅速向相关部门报告，并持续跟进处理进度。在暴雨期间，及时上报积水情况，为抢险救灾争取了宝贵时间，保障铁路畅通。此外，她带领护路队员积极开展“铁路安全隐患清零行动”，通过逐户走访、宣传教育，说服沿线群众主动拆除违规搭建建筑物 4 处，从源头上保障了铁路运行安全。

从双语宣讲的“百灵鸟”到隐患排查的“排头兵”，古力努尔·阿比力克木用实际行动诠释着新时代青年的责任与担当，爱路护路的种子在红旗农场大地生根发芽，绽放出民族团结、共护平安的绚丽之花，让文明护路的新风尚在 22.352 公里的铁道线上熠熠生辉。

扎根铁路三十载的平安“守望者”

——记南昌铁路公安局鹰潭公安处抚州东站派出所线路民警王坚

柯　溢

在沪昆高铁线上，有这么一个人，他以脚步为笔，勾勒出铁路沿线安全稳定的轨迹；他以真心换民心，被群众尊称为“贴心王叔”；他以“传帮”为纽带，播撒年轻一代希望的种子。他就是南昌铁路公安局鹰潭公安处抚州东站派出所线路民警王坚。

坚守一线的“最强大脑”

抚州东站派出所管辖沪昆高铁 32.589 公里、沪昆普速线 24.767 公里，沿线涵盖 5 个乡镇、18 个行政村、2 个社区。现有护路干部 32 名、护路志愿者 22 名、“五残”人员 28 名、废品收购站 8 个。沿线有 18 所学校、2496 名老师、42562 名学生。管辖线路内有 252 处涵洞、4 座公跨铁桥梁、17 个视频监控探头、26 个重点监管区段。王坚对辖区情况如数家珍，尤其是乡镇村（社区）负责人、重点人员监护人、护路干部、护路志愿者的联系方式全部记在脑海，领导和同事都说他是“最强大脑”。

不怕风吹雨打，不怕冰霜炎日。每天晨雾未散，王坚已踏上沪昆高铁 K626～K658 路段的巡查，因为这是重点区段，也是治安事件易发区段。他格外认真，弯腰检查防护网、盘问闲杂人员、清理栅栏树枝等，遇到栅栏旁粗长的树枝，他便掏出工具包里的园艺剪进行修剪，并念叨：“树藤长三寸，隐患增三分。”手背上时不时出现的划痕成了特殊的“铁路纹身”。担任线路民警三十年间，每周 20 公里的巡线路，他走了 1500 余周，年均徒步超 1000 公里，皮鞋、雨鞋穿破 200 余双，双脚后跟长的茧要浸泡 1 小时才能修理。累计修复防护网 5000 余次，清理闲杂人员 2000 余人次，处理树枝 3 万余处。

每年铁路沿线村民“双抢”前后，王坚就会未雨绸缪，提前组织村委干部召开协调会，部署焚烧秸秆防范工作。有一次，王坚巡线时发现沪昆高铁线 K704+500 处堆放着大量水稻秸秆，可能要焚烧施肥。他立即掏出手机，直接打电话给村民，科普铁路旁焚烧秸秆的危害，并要求将秸秆运到家中处置。村民最后疑惑地问道：“你怎么知道是我家的，怎么知道我的电话号码？”王坚笑着说道：“没有这本事，还能当铁路警察？”

群众眼中的“贴心王叔”

人民警察就是要全心全意为人民服务。王坚认

为，铁路线路民警的主要工作就是消除铁路沿线安全隐患，保证铁路安全畅通和人民生命财产安全。如果自己失责失职，就可能让铁路安全受到威胁，让人民群众生命财产安全受到侵害。为此，王坚始终把铁路安全的宣传教育放在工作首位。经常深入沿线企业、农村、社区、学校、家庭开展“五进”宣传活动，增强沿线村民和学生的爱护护路意识。

三十年的线路工作，王坚早已摸索出一套自己的学生宣传教育方式，将晦涩的铁路规章制度变成“寻宝游戏”，让更多学生记住了“不在铁轨拍抖音”“不向列车扔石子”“不攀爬栅栏进入铁路”。在抚州市东乡区长林小学，铁路知识课堂是最受孩子们欢迎的课，每次安全课开始，孩子们便簇拥着喊“王爷爷”，这个称呼在沿线10余所学校回响了整整三十年。王坚常说：“只要孩子们安全，我这‘爷爷’就当得值！”

在沿线村庄的田间地头，他还化身“安全播种人”，将铁路安全宣讲与社区关怀融为一体。每逢农忙时节，他带着宣传手册走进村屯，用方言向村民讲解“烧荒危害高铁”“轻飘物缠绕接触网”等案例，甚至将铁路普法编成朗朗上口的顺口溜——“玉米秸秆莫近轨，风筝远离高压线，安全红线记心间”，让安全意识在乡间深入人心。

在村庄和社区，他坚持用真心换民心，走百家门、知百家情、解百家忧、暖百家心，联合村民成立护路志愿队，定期组织留守老人参与“铁路安全茶话会”。2024年重阳节，他特意购置棉被和粮油走访沿线7户独居老人；为腿脚不便的村民代购降压药时，发现其家中电路老化存在火灾隐患，立即协调电力部门完成改造。2022年，他巡查时发现老人邓新生，一眼认出是邓家乡邓家村人，辗转联系家属并护送回家。这种“安全＋帮扶”的模式，描绘出有质感、有温度的画卷，让村民感叹道：“王警官不仅护铁路，更把我们当亲人！”

薪火相传的“指路明灯”

师者，传道受业解惑也。在传承有序的警营里，

王坚始终秉持匠心，精心培育着新生力量。他以“传帮”为纽带，将巡线经验凝练成可复制的“精神基因”，在抚州东站派出所年轻一代民警心中播下责任与热忱的种子。为了带好所里新同志做好线路巡防工作，确保铁路沿线安全稳定，王坚常常教育新同志：“吃不了巡线的苦，就做不好基础要素的收集。”为了让徒弟们快速掌握巡防情况，他独创了“春防膜、夏防洪、秋防烧、冬防冰”四季巡防口诀，通俗易懂，实际管用，得到徒弟们的认可。此外，王坚带徒弟坚持先示范、再讲解、最后让徒弟独立排查并复盘疏漏的“三步教学法”，以“实战—理论—升华”的模式，让徒弟孙斐仅用一年时间便掌握线路基础工作。正如孙斐所言：“师父的巡线日志里没有高深术语，只有朴素的经验总结，这才是守护平安的密码。”

面对新时代铁路巡防工作的新任务、新挑战，已经56岁的他，还在孜孜不倦苦学无人机技术，将“汗水巡线”升级为“智慧巡线”，构建“空中＋地面”立体巡防体系，并毫无保留地将技术传授给徒弟们。由于科技赋能的作用，派出所保持着辖区连续9年“零危行”的平安纪录。全所的年轻同志纷纷感叹道：“这么大年纪还这么拼，我们还有什么理由不加压、不努力、不争先，真希望王坚这盏指路明灯永不熄灭！”

老护路的“四勤”“五掌握”

——记西安铁路护路联防支队渭南大队护路联防队员王战

郭　帆

王战是西安铁路护路联防支队渭南大队专职护路联防队员。作为一名参加工作三十多年的“老战士”，他始终扎根基层，奋战在铁路护路联防工作第一线，摸索出“四勤”“五掌握”护路工作法。因工作成绩突出，他先后被陕西省护路办、西安局集团公司、西安铁路公安局和西安公安处评为先进个人16次，荣立个人二等功、三等功2次。2003年，他被评为“全国铁路护路联防工作先进工作者”，在清站查车、护路巡线、爱路护路宣传和预防打击违法犯罪等方面做出了突出成绩。

严查细巡，消除线路隐患

清站查车、护路巡线是减少发案和预防危行案（事）件的重要措施，也是护路联防队员的主要工作内容。王战严格做到货物列车趟趟清、辆辆查，对清下的扒乘人员认真登记、仔细查询。积极配合车站落实站区封闭式管理，坚持做到勤清理、勤整治，及时清理站区闲杂人员，对发现的可疑人员仔细盘问，做到情况不明决不放过。另一方面，积极开展护路巡线工作。认真检查线路设施，排除各类隐患。每次巡线时他都会随身携带钳子、铁丝等物品，发现有破损、松动的防护网，及时进行加固，对发现的隐患，翔实记载后向警长汇报，督促工务部门落实整改。近年来，王战修补破损防护网50余处，固定松动防护网140余处。在他的努力下，华县警务区12.4公里线路未发生一起影响行车案（事）件。

熟知社情，开展路外宣传

华县站是陇海线上的一个四等小站，辖区线路全长12.4公里，弯度大、坡度长，有桥梁8座、涵洞24座，途经4个镇、48个村民小组、6所中小学、5个废品收购站，有“五残”人员3名、重点违法人员7名，总人口5.32万人，线路情况、周边

社情十分复杂，工作难度大。针对辖区实际，王战总结出一套社情调查与路外安全宣传的工作方法。在社情调查方面，一是全面调查走访，对辖区治安情况做到心中有数。多年来，他深入站区各单位和铁路沿线各村镇、学校，走访职工群众，调查了解辖区基本情况，掌握辖区治安动态，为开展工作打好基础。二是坚持“四勤”工作法：脑勤（脑子要经常想着工作），腿勤（对沿线辖区单位和铁路两侧2.5公里的社情、重点部位坚持勤联系、勤调查），嘴勤（对职工群众要经常宣传爱路护路常识和有关法律常识），手勤（坚持每天填写工作日志和有关上级规定的台账）。对辖区治安情况达到了“五掌握”：掌握辖区基本情况、掌握沿线治安动态、掌握内部职工情况、掌握特种行业情况、掌握线路隐患情况。三是为准确掌握辖区情况，不定期地开展调查走访，把调查走访得来的情况和数据，反复背诵，牢记在心，记录在台账上，做到动态掌握。在路外安全宣传工作方面，一是和驻站民警、保安队员一起深入辖区村庄、学校及单位，对小学每月进行一次爱路护路宣传、中学每月进行两次爱路护路宣传，对沿线各行政村每月1～2次，废品收购点、“五残”人员等一月一宣传，一周一回访。采用口头宣传、“小喇叭”宣传以及标语、公告、发传单、张贴宣传挂图等形式宣传《中华人民共和国铁路法》《铁路安全管理条例》及有关安全常识。二是配合派出所开展“铁道小卫士”爱路护路模范学校活动，通过专题报告、捐助贫困学生、奖励优秀学生等活动，把宣传工作普及到每一个学生。在村庄宣传上，充分发挥村组长作用，逐一建立联系卡，重点宣传，重点教育，一人带一村，一人带一片，达到铁路常识人人皆知、家喻户晓的效果。在他的影响下，华县车站附近一家废品收购站业主王某，主动让自己两个读小学的儿子帮助进行爱路护路宣传，这两名小学生已成为华县站区闻名的“护路小少年”和宣传铁路安全知识的“小喇叭”。

联防联控，共建平安线路

要保证站区一方平安，单靠公安机关的力量是有限的，必须充分发挥治安联防组织的群策群力作用，才能维护良好的站车秩序。王战从辖区治安实际出发，配合民警充分发挥路地联防、站区联防、警民协防等方面的优势，确保辖区铁路运输生产安全。一是加强站区联防。在坚持每季度召开一次治保工作会议，教工作、交任务、教方法的同时，牵头成立由车站站长、站区各单位工班长和警务区民警等人员组成的站区联防小组，通过对辖区铁路重点及“要害”部位的安全检查，及时发现和整改安全隐患。二是发挥职工群众作用。深入职工群众中与他们促膝谈心交朋友，帮助解决职工之间的纠纷，最大限度地防止因内部职工间的矛盾引发治安隐患。三是加强路地联防。配合民警以警务区4个镇、4个派出所和10个行政村为重点，坚持每月路地通报一次治安状况，随时掌握情况；每季度座谈一次，解决突出治安问题。通过努力，他所在的华县车站多年来辖区治安安全稳定，得到了周围群众职工和上级的高度好评。

马鞍山的“铁面判官”

——记上海铁路公安局合肥公安处马鞍山站派出所线路民警贾兵

袁　瀚

在马鞍山市内的宁芜铁路沿线，总能看见一个挺拔的身影穿梭在钢筋水泥与阡陌田野之间。他时而在沿线中小学校里演讲，时而在沿线农户家帮忙，时而在废品收购站门前普法。他的脚印，遍布在 37 公里开放式线路的铁轨旁。他就是贾兵，马鞍山站派出所的一名普通线路民警，也是同事眼中“用脚步守护安全”的实践者。从青涩学警到基层骨干，他用脚步编织安全网络，以赤诚熔铸忠诚警魂，在 37 公里铁道线上镌刻下新时代铁警的担当印记。

隐患排查的“铁面判官”

贾兵每日的必修课是巡查线路，每天开完交班会，就带着宣传用品和工作资料开始了一天的忙碌。他弯腰查看栅栏网是否完好，检查单位灭火器材的使用状态，测试智能语音报警提示装置是否灵敏。2024 年，他在例行检查中发现宁芜线 63K 处行人抢越铁路情况多发，他立即联系铁路工务部门，经过多次协调，在此区段加装防护栅栏 300 米。针对沿线施工工地路材乱堆问题，他创新了“三步法”工作思路：第一步责令现场整改，第二步下发通知书限期整改，第三步约谈主要负责人。累计规范物料堆放 8 处，杜绝了侵入限界的安全隐患。

2025 年春日午后，贾兵的警车正沿线路巡查。突然，路边草丛中冒起的浓烟引起他的警觉。他立即停车冲向事发地点，发现是附近村民焚烧秸秆引燃了护栏旁的垃圾。顾不上呛人的浓烟，贾兵抄起警车上的灭火器冲进火场。经过十分钟扑救，明火终于被扑灭。事后他挨家挨户上门宣传铁路防火规定，协调村委会为周边孤寡老人配备灭火器，彻底消除了这个安全隐患。

在隐患治理环节，贾兵摸索出“四步工作法”：发现隐患立即拍照取证，同步录入全局治安基础管控平台；通知责任单位现场处理，制定科学整改方案；跟踪整改进度，实行销号管理；最后进行“回头看”验收。这套闭环管理机制运行以来，累计推动封堵线路 1.5 公里，增设防护网 1300 米，整治各类隐患 20 余处，整改率达 100%。2024 年他通过“线上监控 + 线下踏勘”双轨模式，累计排查整治隐患 17 处。

联防协作的“织网能手”

长期扎根在线路的工作精神，让贾兵对辖区的线路情况真正做到了“底数清、情况明”，各类基础数据已经深深烙印在贾兵的脑海，线路周边哪里有缺口，哪里有小路，哪个地方是警情高发区，贾兵都能信手拈来。

2023 年 10 月，辖区发生了一起置放障碍的案件，引起上级领导的高度重视。面对这个不知道躲在哪里的嫌疑人，大家一时没有好的办法。就在案件要陷入僵局之时，贾兵在事发现场挨家挨户地走访，获得了一条重要线索：一名农户反映他放在家门口晾晒的一包红薯被偷走了。将线索上报专案组后，专案组推测嫌疑人因缺少食物来源盗窃了该农户的红薯，且很可能再次盗窃，于是部署警力专门蹲守。果然，在第二天，再次准备盗窃的嫌疑人被当场抓获。

贾兵还创造性地开展“路地联建”工程。他与马鞍山市护路办、沿线派出所建立联动机制，定期召开联席会议，共享情报信息。在地方政府的支持下，与沿线31个村建立护路工作群，实时在群里解决问题。2024年通过护路工作群发现并整改的隐患就有7起，真正实现了共建共治共享。

法治天平的“守护使者”

每到开学季，贾兵的身影都会准时出现在沿线中小学校的讲台上，粉笔在他手中化作传递安全的画笔。在一间间教室里，他将生涩的法律条文转化为“铁路安全三字经”，用方言编写的顺口溜让孩子们听得津津有味。“红灯停、绿灯行，铁路边、莫嬉戏……”朗朗童声中，安全种子悄然生根。

为了让安全教育入脑入心，贾兵精心打造“沉浸式”课堂。他带着精心制作的PPT文档讲解铁路安全知识，用积木模仿火车运行的轨迹；把报废的信号灯带到操场，手把手教孩子们辨识灯光信号。面对孩子们“火车会不会说话”的天真提问，他会蹲下身子认真回答：“火车不会说话，但警察叔叔会用科技保护大家的安全。”这种充满童趣的互动，让知识不再冰冷。

在处理一起老人横穿铁路案件时，贾兵展现出执法的温度。他没有简单罚款了事，而是联系其子女共同开展教育。在“处罚＋教育＋帮扶”模式下，老人家属主动签订安全承诺书。这种人性化的执法方式，既彰显了法律威严，又传递了人文关怀。

虽然现在视频监控已覆盖了辖区内大部分区域，但贾兵依然保持着每天巡线的习惯，他说：“科技再发达，也替代不了脚底板下的真功夫。”这位长期工作在铁轨旁的民警，用实际行动诠释着“人民公安为人民”的铮铮誓言。在他身后，蜿蜒的铁道线犹如金色绸带，串联起万家灯火；在他脚下，坚实的足迹正在续写新的平安传奇。

铁路安全宣传语

1. 严禁在铁道上摆放障碍物及击打行进中的列车。
2. 一路平安，始于心，见于行。保护铁路安全，我们在行动。
3. 加强铁路综合治理，确保铁路运输安全。
4. 建好示范带，保好安全线。
5. 严厉打击盗窃、哄抢铁路运输物资和铁路设施的犯罪活动。
6. 铁路安全，警钟长鸣。每一次出行，都需用心去保障。
7. 彻底根除治安隐患，保障铁路行车安全。
8. 铁路安全无小事，时刻牢记在心中。
9. 构建护路基层网络，维护铁路治安稳定。
10. 安全是生命的基石，铁路安全从我做起。
11. 爱护铁路就是爱护自己的生命。
12. 知路爱路护路，共建平安铁路。
13. 路地协作群防群治，保障铁路运输畅通。
14. 夯实综合治理基础，确保铁路安全畅通。

感动总在路上，致敬高原之巅的“天路卫士”

耿星星

青藏高原，世界屋脊。这座世界上海拔最高和最年轻的大高原，平均海拔超过 4000 米，拥有许多座超过雪线、海拔 6000~7000 米的山峰，自然景观美妙绝伦，别处难寻。每日进藏的列车一班又一班，将都市霓虹抛诸脑后的旅客们透过车窗，看着沿途壮美而丰富的自然风景不断流动，感受着大自然对心灵的涤荡。群山逶迤，皑皑白雪，茫茫荒原，沁蓝的天，幽碧的水，星星点点的动物，一路景色苍茫壮阔，不由得让人对大自然充满敬畏，始觉乾坤之大而自身渺小。

冲击心灵的震撼不止来自自然风光。只有长时间盯着车窗外的旅客才会注意到，说是广袤的无人区中，却会不时看到隐约人影。有时离得远，看起来只是一个缓缓移动的荧光绿小点，凝神辨认才能发现那竟是一个人，有时离得近，便能看清一个穿着荧光绿色马甲的人向列车伫立敬礼，并很快随着列车的前行闪出视野。极少数时候是两个人，一大一小看起来像是父亲和幼子，一同举起右臂向着列车致意，令人动容。

“本想拍一座山，却拍到了更高的山。”

“本想领略世界屋脊，却拍到了民族的脊梁。”

“总有人在我们不知道的地方负重前行。”

社交网站上，有过火车进藏经历的网友们交流着拍到的相似画面和视频。“泪目”“感动”“致敬英雄”“感受到被守护的安全和踏实”……大家纷纷点赞留言，分享着真实感受。有人发出疑问：“这是守卫铁路的士兵吗？”“他们为什么会向着列车敬礼？”有人则在疑问下面留下了正确的答案——“这是铁路沿线的护路人。”

自 2006 年青藏铁路建成通车以来，护路人就一直在默默守护着铁路。为了更好地保障铁路大动脉的安全通畅，西藏自治区组建了专职的铁路护路联防队，并在铁路沿线每隔一两公里处设置一座白墙小房，房顶立着国旗，房内简单摆放着简易床、桌椅、暖炉、热水壶等生活必备品，这就是护路队员们的“据点”——值班岗亭，每日护路队员们便在此交接、休息。一座座岗亭和一名名护路队员们，共同构成了守卫、巡查青藏铁路沿线安全的保障体系。

护路值班多采用轮班制。有的地点一班 12 小时，有的地点交通不便，一班就是 24 小时。上班时，护路队员要先抵达负责区域的值班岗亭，从这里开始一天的工作。然而一班工作下来，能够在岗亭里休息的时间少之又少。护路人需要在负责区域内来回巡线，检查设施设备、排查隐患、修复护栏、清理障碍物和垃圾、驱赶上道的动物、处理意外事件。一桩桩一件件，说起来简单，但实际上却各有各的烦琐之处。就比如说驱赶动物，上道的有牛羊，也会有野生动物，要把它们赶走可是一件“斗智斗勇”的活儿，既要保护好自己的安全，又要防止它们再次绕回来。有的牦牛盯上了边坡旁边的一丛嫩草，脾气又倔，若驱赶不走，处理不及时，很容易发生

碰撞事故。有时候，护路人员在巡线时没有发现任何问题，但下一趟护路队员们也绝对不会怠慢途中各种应当注意巡查的细节。他们深深知道，安全高于一切，必须将一切意外可能扼杀在萌芽中。

护路工作条件艰苦体现在方方面面。护路队员每日巡线一走就是好几个小时、十几二十公里，哪怕是风雪天气亦复如是，就这样日复一日、年复一年，他们用双脚来来回回丈量着铁路，风雪无阻坚持护路。除了长时间在恶劣气候环境下行走巡线，受条件所限，一年当中有相当一段时间，护路人员连吃上新鲜蔬菜都是一件奢望，有时甚至连热乎饭都吃不上，哪怕做足保温措施，但高原风大寒冷，饭菜送到岗亭时早已冰凉。

护路队员大多是本地人，家就在铁路沿线，对于铁路开通后的家乡巨变、铁路对青藏高原的重大意义再清楚不过。青藏铁路是党和政府送给藏族同胞们的特殊礼物，承载着乡亲们对美好生活的期盼，是拉动家乡经济发展的大动脉。“护路辛苦是辛苦，咱总得对得起筑路人的艰辛付出，他们建好了路，那我们也得守好路呀”“守护铁路就是守护家乡、守护平安……”护路队员们曾经在采访中这样表示。

常年风餐露宿出外勤，护路队员们笑称自己多多少少有些“小毛病”。在那曲，护路队伍中80%的成员不同程度地罹患高原性心脏病、高血压、痛风、风湿性关节炎、沙眼等高原性疾病。可以说，他们透支着身体守护铁路，用自己的健康换取了青藏线上的每一次安全行车。甚至还有护路队员为护路事业献出了宝贵生命。2021年1月1日21时，安多县措那湖护路大队队长在巡逻检查途中，发现护路队员罗布倒在海拔4700米的铁道边，检查发现时已无生命气息，该同志殉职在了护路岗位上。

世界铁路的海拔最高点就在那曲市安多县的唐古拉山口。“唐古拉”含义为藏语中的“高原上的山”，是青海、西藏两省的天然分界线，因终年风雪交加，素有“风雪仓库”之名。这里的环境艰苦恶劣程度堪称青藏铁路全线之最，空气中的含氧量只有平原地区的一半，不仅终年严寒，而且一年中有三分之一的时间呼啸着8级以上大风，就算七月盛夏还会飘起大雪、气温跌破0℃。哪怕是坐在火车中，许多旅客都会在行经此地时出现明显的高原反应，因为缺氧而呼呼大睡。在如此恶劣的生命禁区，护路队员努力克服着各种困难，留下了更多不为人知的汗水。

在这个稍微站一会儿就会令人胸闷心跳感觉不适、穿着厚厚棉衣依旧会感觉寒意刺骨的地方，护路队员们不仅需要每日跋涉十几公里巡线，而且还要背起装有口粮、保暖用品、维修工具等的沉沉背囊，是双重意义上的“负重前行”。

暴雪总会选择在春节、藏历新年前后光临那曲市。每年快到这个时节，当地护路队员们心里总绷着一根弦，一旦暴雪来袭，积雪覆盖铁路、钢轨表面凝结薄冰等情况都会影响行车安全。这时，护路队员们就需要顶风冒雪在线路上持续巡查持续清扫，刚下了班队员们也会选择继续跟着队伍连轴转，持续投身抗击风雪的战斗中。雪不停，人不能歇，有时夜间暴雪不止，刚清扫完又迅速形成一层积雪，护路队员们只能顶着 –30℃的严寒、肆虐的狂风与降雪展开拉锯战，一次又一次清理轨面，俯身细细查看道岔周围，确保没有被压实的薄冰片藏在缝隙里，就这样不断反复，直至雪停。好几名护路队员已经多年没有在家好好过一个年。

“辛苦倒在其次，慢慢也都习惯了。最主要的是孤独，总是一天见不到一个人，心里空落落的。”青藏铁路途经的很多区域都属于荒凉寂寥、人迹罕至、交通非常不便的地方，除了上下班与队友的交接，护路人员在工作时不仅看不到人，有时甚至连动物都看不到。对于刚加入护路队伍的成员来说，强烈的孤独感时常涌上心头，白天巡守时还好些，一到夜间，走在铁道旁，手电筒的光被黑暗吞噬，射出距离都变短了，周围因漆黑而显得未知神秘，好似天地间只剩下自己。“只有看到路过的列车，心里才踏实些。”

看到列车经过时，护路队员们总是会停下步伐，面向列车敬礼，列车则会向护路员们鸣笛致意。护路队员与火车司机之间这份默契的情感传递，是一种属于中国铁路人的独特浪漫。护路队伍的半军事化管理，造就了护路队员们的军人意识和军人形象，敬礼这个简单的动作，又被护路队员们赋予了太多感情色彩，是打招呼，是对筑路人和铁路工作人员的致敬，是对列车上远方客人的欢迎，还是对自己工作的自豪，护路队员们很难完全说得清楚。其实也并不在意列车上的旅客都能够看到自己，他们好像已经把敬礼当成日常巡线中的习惯性动作。但每一次的敬礼，在旁观者看来，都足够动人，足够震撼。

通向远方的钢轨是他们坚守的方向，列车安全平稳抵达终点是他们的希望。就是这样一群护路人，忍受艰苦，忍耐孤独，日复一日踏上同样的路，十几年如一日，二十四小时从无缺勤，爬冰卧雪，以点为家，以路为伴，以坚强的意志和坚定的信念为支撑，认真从事着平凡但不普通的护路事业，守护着铁路及沿线的安宁。

平凡而伟大的“天路卫士”，护路传奇的书写者，向你们致敬！